岐路の前にいる君たちに

鷲田清一

式辞集

朝日出版社

目次

第一章　卒業式の言葉

第二章　入学式の言葉

第一章

卒業式の言葉

サーヴィス社会というのは、皮肉にも、
市民をどんどん受け身にしてゆく、
そして市民としての責任の意識を
低下させていくものでもある

問題の根を発見し、解決する力

2007年度　大阪大学卒業式　式辞

みなさんは、大阪大学の学位の称号を得てこれより実社会に入っていかれるわけですが、そこはいうまでもなく、競争の熾烈さをどんどん増している社会です。学界であれ企業社会であれ、みなさんのこれからの活動は、つねにその達成度が問われ、確実さと斬新さとが同時に問われる、なかなかに厳しい社会です。そのなかでみなさんは、ときには下支えの仕事を任され、ときには前線での活躍を期待され、そのなかからさらに少なからぬ人たちがリーダーとして嘱望される存在にもなっていかれることでしょう。

そのみなさんに、いずれぜひその役を担ってもらいたいとわたしが願うのは、もう一つ別のタイプのリーダーとしての役です。一言でいえば、みなさんには今後、市民社会のリーダーとしての役をすすんで引き受けていっていただきたいということです。

わたしたちの社会はいま、高度消費社会、高度サーヴィス社会などと言われます。調理すること、ゴミを処分すること、育てること、看護すること、介護することなどをはじめとして、自身が生活するうえで、あるいは身のまわりの人の世話をするうえで、わたしたちはきわめて多くのことがらを行政のサーヴィスや民間のサーヴィスに委託しています。調理は食品産業や外食産業に委託し、ゴミ処理は清掃局に委託し、子どもの教育は学校に委託し、医療や看病は病院に委託しています。

そのことでわたしたちはより安心して生活を送ることができるようになるのですが、同時にそのことの裏面として、わたしたちはそれをみずからの手でおこなう能力を少しずつ失っていきます。じじつ、一九九五年の阪神淡路大震災のとき、都市のライフラインが切断されたときに、わたしたちは雨水を飲み水に変えるやり方、ケガの応急処置の仕方、仮設テントの張り方一つ、身につけていないことを思い知らされたのでした。それだけではありません。地域のもめ事一つも、解決のために周囲の合意をとりつけていくよう動くのではなく、役所に訴えるというような仕方で対応するようになっています。もめ事をまとめる能力すら失っているのです。行政のサーヴィスをいつでも受けることができること、企業のサーヴィスを買うことができること、これは福祉の充実と世間では言われますが、裏を返していえば、各人がこうした自活能力を一つ一つ失ってゆく過程でもあるということです。

もう一つ、危うい点があります。行政のサーヴィスを受ける、民間のサーヴィスを買うということで、知らないうちにサーヴィスの受益者、サーヴィスの消費者としての意識があたりまえになっていって、生活に何らかの支障が生じると、それを「サーヴィスの低下」として行政もしくはサーヴィス業者に文句を言う、苦情を言うというふうに対応するようになるということです。クレームをつけるというのは、市民意識が高い人の行為のようにみえますが、じつはとても受け身な行為だとわたしは思います。それは「もっと安心してサーヴィス・システムにぶら下がらせよ」と言っているにほかならないからです。システムはだれかが支えなければならないのに、クレーマーは自分がシステムの外にいると勘違いしている。わたしに言わせれば、自分を市民（シティズン）ではなく、受益者や顧客、消費者だと勘違いしているのです。だから、税金や料金をちゃんと払っているのにそれに見合うサーヴィスがちゃんとなされていないと批判するわけです。大人のそういう意識が子どもにまで浸透しているからでしょうか、子どもまでが、学校で授業が面白くないと先生のサーヴィスがよくないと、あたりまえのように思って、ふてくされるようになっています。要するに、高度なサーヴィス社会というのは、皮肉にも、市民をどんどん受け身にしてゆく、そして市民としての責任の意識を低下させていくものでもあるということです。

サーヴィス社会はたしかに心地よいものです。けれども、人として生きるうえで欠かせない能力の一つ一つをもういちど内に回復してゆかなければ、脆弱なシステムとともに自身が崩れてしまうことを肝に銘じなければなりません。食品の安全性をはじめとして、最近起こっている流通システムの不祥事は、そのことを強く思い知らせる例の一つです。フランスの思想家、ブレーズ・パスカルは、すでに十七世紀にこのことを次のような言葉で警告していました。――「われわれは絶壁が見えないようにするために、何か目をさえぎるものを前方においた後、安心して絶壁のほうへ走っている……」と。

「地域の力」といったこのところよく耳にする表現も、見えないシステムに生活を委託するのではなく、目に見える相互のサーヴィス、たとえば他者にこまやかに心を配る、いざというとき他者の面倒をみるといった相互のサーヴィスをいつでも交換できるようにしておくのが、起こりうる危機を回避するためにはいちばん大事なことだと告げているのだと思います。

これからみなさんが住まい、働く社会のなかで、みなさんには、だれかに責任をおしつけたり、いずれだれかが是正してくれるだろうなどと空しく期待するだけの市民ではなく、ほんとうに賢い市民になっていただきたい。公共の責任をすすんで引き受け、担いうる市民になってもらいたい。クレームをつけるだけでなく、みなと突っ込んで話しあい、そのなかで問題のほんとうの根を発見し、そしてそれを問題解決へのプロポーザルにまで練り上げていくことのできる、そういう市民に、市民のリーダーになってもらいたいと思うのです。

そのために必要なこと、それを一言でいえば、自分でコンテクストを作っていくことのできる能力です。ことがらの筋道をロジカルにつけていくことのできる思考の能力であり、他の市民と意見を交換しながら当初だれも思い描いていなかったような結論を見いだしていく合意形成の能力であり、さらにはいざというときに助けてもらえる人をいつでも動員できるよう、ふだんから人びとのネットワークを作っておく、そのような能力です。

何か事が起これば、なぜそのようなことがくり返されるのか、みなでその理由をよく考えること。科学技術や行政の問題から医療制度や環境問題まで、都市行政に問題が鬱積しているなら、みなで対抗的な解決法や施策をどんどん提言していけること。そのような市民性（citizenship）をよく備えた市民に、そしてそのリーダーに、みなさんが将来なられることを祈りつつ、卒業生のみなさんへの、わたしからの、そして大阪大学からのメッセージとさせていただきます。

自分が何を知っていて何を知らないか、
自分に何ができて何ができないか、
それを見通せていることが
「教養」というものにほかなりません

枠の外の価値を見つけられる眼

２００８年度　大阪大学卒業式　式辞

みなさんは、大阪大学におけるさまざまな専門の勉学と研究を今日を一区切りとして、これから、社会のさまざまな現場に出てゆかれます。そしてそのなかでさらに何かのプロフェッショナルとしてみずからを鍛え上げていこうとされておられることでしょう。生涯の仕事としてそういう道に就かれる前に、みなさんが学ばれたその大学を代表する者として、あらためてみなさんに申し上げておきたいことがあります。

科学の研究と技術の発展がこれまで、人類に多大な恵みを与えてきたこと、これは疑うべくもありません。それまで飢死にさらされていた人類の貧困を救い、治癒できず堪え忍ぶよりほかなかった難病を克服し、大きく寿命を延ばし、生活上の利便を飛躍的に増大させ、さらには離ればなれになった人と親しく通信するという夢も実現してきました。近代の科学と技術が人類にもたらした福祉と安寧、これは挙げるときりがないほどです。

大阪大学も、いわゆる研究拠点大学として、学術の最前線でさまざまの画期的な研究をくり広げてきました。みなさんはそのもっとも基礎の部分を学ばれ、またその最先端の研究に携わってこられました。

大阪大学が昨年公表した「グラウンドプラン」にも、大阪大学の研究の三つの精神として「基本」と「ときめき」と「責任」を掲げています。英語でいえば“basic”“exciting”“responsible”です。

「基本」ということで、みなさんは科学的精神と合理的な推論の大切さを学ばれたはずです。これはこれからどのような職業に就かれても、その思考と行動においてきっと活きてくるはずです。「ときめき」ということで、みなさんは宇宙を、あるいは社会を動かしている未知の仕組みを発見してゆく学問の緊張感とわくわくするような愉しみをたっぷりと体験なさったことでしょう。さらに「責任」ということでは、環境破壊や経済不況、医療や介護や教育といった現場の疲弊など、昨今の日本社会、地球社会が直面している諸問題の解決に学術がどのような役割を果たしうるかを問うて、社会から委託された科学研究の重さに身を震わせた方々も少なくないはずです。

さて、こうした基礎研究の一端にふれるなかで、あるいは研ぎ澄まされた研究に参与するなかで、身をもって学んだこと、それをこれからみなさんはどのように活かしていこうと考えておられるでしょうか。

一般に、専門を究めるというのは、研究であれ業務であれ、より細かく精緻な領域に入ってゆくということです。みなさんも大学に入るときに学部を選び、大学に入れば専攻を選び、さらに専門の研究課題を選ぶというふうに、関心の対象をより狭めていったはずです。そうするなかで、そのごく限られた研究領域のなかで、世界の先端の研究水準というものを知り、それに合流し、さらにそれを凌駕することに向学心を燃え上がらせたはずです。その筋のプロになろうとして。

しかしプロフェッショナルであるためには、みずからが専門とする仕事の仕方に磨きをかけるだけでなく、人びとのあいだでそれをきちんとマネージできなくてはなりません。そうでなければ、たんなる知的な好事家の域を出ることはありません。

先ほどわたくしは、科学技術が人類社会にもたらした福祉と安寧について述べましたが、しかしその科学と技術が人びとにいま少なからぬ不安をもたらしつつあることもまた確かです。環境危機、エネルギーの確保、食の安全性、高度再生医療の行きつく先などをめぐり、人びとの不安はつのるばかりです。その意味で、いまほど、科学と社会の関係、あるいは技術開発のあり方について、あらためて基本的なことから考え直さねばならない時代はないとも言えるでしょう。多額の予算を使ってなされる科学研究といまも苦難にあえぐ社会とのつながりをデザインしなおす、そのことの必要をわたくしたち大学人は痛感しています。それこそが、先ほど申し上げた専門の研究や仕事のマネージメントということなのです。

大阪大学のような研究拠点型大学においては、専門教育を何より重視しています。いろいろな分野のプロフェッショナルを育てることをまずはめざしています。けれども、プロフェッショナルがその専門性を十分に活かすためには、専門領域の勉強だけではどうしても足りません。なぜなら、一つの専門性は他の専門性とうまく編まれることがないと、現実の世界でみずからの専門性を全うすることができないからです。アイディアを一つの装置として仕上げるためにも、一つの発見を医療の現場で活かすためにも、あるいは一人の画家の仕事を展覧会のかたちでふり返るためにも、技術やアートや法律や経理の専門家とうまく組まなくてはなりません。

さて、別の領域の専門家と同じ一つの問題に共同で取り組むことができるためには、自分の専門的知見について、別の専門家（つまりまったくの素人）に関心をもってもらえるよう、そして正しく理解してもらえるよう、みずからの専門について興味深く説明する能力が必要になります。専門家としていま人びとがしなければならないと考えられることを人びとに告げるときに、人びとにそれをしてみたいという方向へ気を向け替えさせる技《わざ》とでも言ったらいいのでしょうか、つまり、「しなければならないこと」を「したいこと」へと変換させる技法です。そのためには、非専門家をはじめとして、異なる文化的素養をもつ人たちの関心をよく理解し、また深く刺激するような対話が可能でなければなりません。そうした技を身につけるためには、日頃から、異分野の人たちと深く交わっている必要があります。将来、医師になろうとしている人、法曹界に進もうとしている人、教職に就こうとしている人、研究者や技術開発者になろうとしている人たちが、同じ一つの問題について侃々諤々《かんかんがくがく》議論するトレーニングを、日頃よりしている必要があります。

じっさい、一つの包括的な視点からすべて論じきれるような問題は、現実の世界にはめったにありません。たとえばＢＳＥ（牛海綿状脳症）の問題一つとっても、疫学的な視点はもちろん基礎として重要ですが、他国との外交や貿易摩擦の視点、さらにスケールを大きくとって牧畜文明の人類史的意味についての視点も、問題とその解決を展望するには必要となります。同じことはもちろん、環境問題やＩＴ化社会の問題についてもいえます。とすれば、専門家にはその知識が「知の総体」のなかでどのような位置を占めるか、つまりは、みずからの知を社会のより大きな枠組みのなかにいかにマッピングできるかが問われることになります。自分が何を知っていて何を知らないか、自分に何ができて何ができないか、それを見通せていることが「教養」というものにほかなりません。内輪の符丁でしか語れない人は、そもそも専門家としても失格なのです。

ここでわたしはみなさんに、隙間を大切にしようと申し上げたいと思います。これは科学の研究においても、特定の業務においても、ひじょうに大切なものです。隙間とは、だれにも見えているはずなのに、だれも見ていない、そういう領域のことです。

たとえば、科学研究をしているときには、物質の、あるいは社会の諸現象を規定している見えない構造や原理を捉えようと心を砕きます。けれども、その見えない構造や原理は、多くの場合、既存の一定の理論の枠組みのなかで未だ知られていないことにすぎない場合が多いものです。一方、偉大な科学的発見というものは、その研究そのものが立脚している枠組みをしばしば根底から揺るがし、それを無効にしてしまいます。ということは、既存の枠組みのなかでは問題としてすら見えにくいこと、枠組みのなかではほとんど価値を認められていない現象に対する感受性のほうが、科学研究においてはより重要だということになります。ノーベル賞受賞者たちの少なからぬ部分の仕事が示しているように、同じ枠のなかでのゲームや競争に埋没していては、ほんとうの科学革命、ほんとうのイノベーションにつながるようなすばらしい研究は生まれないのです。

同じことが業務についても言えます。企業に新しい課題が立ち上がったとき、これはうちの部の仕事ではないと押しつけあうようでは、その課題は解決できません。だれの仕事でもないけれどだれかがしなければならないことがらだからこそ、とりあえずわたしがやっておく、とさりげなく言える、そんな社員が数多くいる企業は、問題をうやむやにせずに前に進みます。ビジネスについてもそうで、隙間産業という言葉もあるように、ビジネスチャンスは往々にしてこうした既存の産業の隙間から生まれるものでしょう。

こうした大事な隙間を見つけられるかどうかは、日頃より、自分の専門を相対化するような眼をもっているかどうかに懸かっています。いいかえれば、世界を複眼で見ているかどうかにかかっています。だからみなさんには、これからも専門的知見とは異なるもう一つの眼、つまり「教養」の眼を、いつも重ねあわせてものを見るように心がけてもらいたいのです。勉強はいつまでもつづきます、つづけなければならないのです。

今日わたしは、これから社会のさまざまな現場でプロフェッショナルになってゆかれるみなさんに、あるいは厳しい要求を向けすぎたかもしれません。

　みなさんは一人の個人として、人生においてもこれからさまざまな危機に直面しもするでしょう。何のためにここにいるのかわからなくなったり、そもそも自分のような人間がここにいることに意味があるのかと、人生への深い疑問を抱くようなこともきっと少なからずあることでしょう。

　そんなときにほんとうに親身になって応えてくれるのは、まずは、自分の存在を気遣ってくれる友人たちです。そして次に、同じような困難を乗り切ってきた未知の先人たちの言葉であり、メッセージです。

　未知の先人たち、それは、たとえば人としてここにあることの意味を極限にまで問いつめてきた思想家たちであり、同じ時代の過酷な運命を憂え、そして一人でもそういう不幸な人の存在を許すまじと社会の運営に骨を砕いてきた企業家たちであり、わたしたちの心をそのもっとも深い部分で慰めてくれる芸術家たちであり、そして市井で無名のまま他の人びとの困窮を気遣い、無言で支えつづけた人たちです。そういう未知の人たちの言葉、あるいは作品が、友人たちとともに、将来、あなたの危機を救ってくれるはずです。大学を離れても、そういう叡智にふれつづけることを忘れないでいただきたいと思います。

と同時に、それらの声に支えられるだけでなく、あなたがた自身もこんどは支える側に回ってもらいたいと思います。

みなさんが周囲の人たちから、「あいつにまかせておけば大丈夫」とか「こんなときあいつがいたらなあ」と言ってもらえる人になられたとき、きっとそのとき初めて、あなたがたを送りだした大阪大学は胸を張ってその存在理由を確認できたことになります。みなさんがそのことを心に留めて、これからの道を歩んでいかれることを、心から願っております。

絶対に見失ってはならないものと、
あってもよいけどなくてもよいものと、
端的になくてよいもの、
そして絶対にあってはならないこと

他者の小さな声を聴き、応じることができるリベラリティ

２００９年度　大阪大学卒業式　式辞

みなさんは、大阪大学におけるさまざまな専門の勉学と研究を、今日を一区切りとして終え、これから社会のさまざまな現場に出てゆかれます。そしてそのなかでさらに、何かのプロフェッショナルとしてみずからを鍛え上げていかれることでしょう。プロフェッショナルへのそういう道に就かれる前に、みなさんが学ばれたその大学を代表する者として、ここにあらためてみなさんに申し上げておきたいことがあります。それは、「教養」と「責任」の意識とをしっかりもったプロフェッショナルになっていただきたいということです。ともに擦り切れるくらいによく口にされてきた言葉ですが、みなさんを送るにあたって、この「教養」と「責任」につい

てわたくしなりの考えをあらためてお伝えしておきたいと思います。

「オリエンテーション」(orientation) という言葉があります。この言葉、みなさんは大学入学のときにも聴かれたはずです。大学はどのようなところか、大学ではどのように学び、またどのように課外活動をおこなうか、その仕組みや機会、あるいは手続きなどについて、一通りの説明を受けたことと思います。

「オリエンテーション」というのは、もともと、方向を定めること、つまりいま自分がどこにいるかの見当をつけることを意味しています。そして、生きるということは、とりもなおさず、自分が生きようとしているこの世界のどういう場所にいま自分がいるかを知ることから始まります。世界のなかに自分を位置づけること、つまり世界のなかに自分をマッピングすることからです。何をどうしたらいいのかわからないという状態、つまりまごついたり、途方に暮れたりしていることは、反対に、「ディスオリエンティッド」(disoriented) と言います。方向を見失うこと、自分の位置がわからないこと、そして居場所がないということ、英語でいう「ディスオリエンテーション」(disorientation)とは、そういうことです。

「ディスオリエンテーション」。これはたしかに危機的な状況を意味します。が、それはじつはチャンスでもあります。「ディスオリエンテーション」は、いうまでもなく破局や崩壊への道であるのですが、それは同時に再創造の道でもあるのです。自分のいままでの生き方を根本から変えるチャンスでもあるのです。

赤ちゃんは誕生の際、お母さんの体内でお母さんから臍の緒を通じて栄養を送られていた状態から、自分で呼吸し、栄養をとる状態へと、いのちの仕組みを大変換します。その変換のさなか、つまり産道をくぐり抜けるあいだ、いわば窒息状態にあります。いのちの仕組みを大変換するためには、こうした無呼吸の状態に耐える力が要るのです。

これまでとは違う新しい「オリエンテーション」に至る過程でも同じことが言えます。ここでは当然、以前の「オリエンテーション」はもはや役に立たないのですから、わたしたちは赤ちゃんと同じように無呼吸状態に耐えなければなりません。それに耐えうるだけのタフさがないと、生き方を変えるということはできないのです。

このことは個人としての生き方のみならず、社会的な事業や企業での事業についても言えます。これらの事業にあっても、ゴールまで一直線で辿り着けるものなど、めったにありません。たいていは途中で何度も挫折するものですし、軌道修正も一回では済みません。もちろん、いったん撤退を余儀なくされることもよくあることです。

このような場面では、いったん立ち止まり、事態を正確に見定めること、自分の正確な位置づけをおこなうこと、つまり「オリエンテーション」が必要になります。この「オリエンテーション」にもっとも必要なもの、それは「複眼をもつ」ということです。一つの光を当てるより二つの光を当てたほうが世界はより立体的に見えてくるのと同じように、一つの事業をおこなうにも、それを内から見るだけでなく、同時に外からも見るほうが、進むべき道がより正確に見えてきます。

複眼をもつことが大切なのは、自分の専門的な研究が同時代の「知の総体」のなかでどのような位置を占めるか、いいかえると、みずからの知を社会のより大きな枠組みのなかにいかにマッピングできるか知ることがきわめて重要だからです。そして、自分が何を知っていて何を知らないか、自分に何ができて何ができないか、それを見通せていることが「教養」というものにほかなりません。

「教養」というのは、このような「複眼をもつ」ことで身についてゆきます。異文化に学ぶことも歴史に学ぶことも、いまここではない別の場所からいまここを見つめなおすことにつながります。そのような複眼のなかでこそ、世界はある奥行きをもって浮かび上がってくるのです。

この奥行き、それは「価値の遠近法」と言いなおすこともできるでしょう。「価値の遠近法」とは、なくてはならないもの、つまり絶対に見失ってはならないものと、あってもよいけどなくてもよいものと、端的になくてよいもの、そして最後に絶対にあってはならないこと。この四つを、どんな状況にあってもそのつど区分けできるということです。

これから社会のさまざまなセクターで活動してゆかれるみなさんは、予想もしない苦境に何度も立たされるでしょう。そのようなときに生きてくるのが「教養」というものです。それをしかと身につけるため、みなさんの学びはこれからもずっとつづきます。そのとき、かつて大学で学んだ多様な学問の方法や世界の見方というものが、あなたがたにもう一つの眼を与えてくれることもあるでしょう。もしさらに学びが必要なときには、いつでも大学に戻ってきてください。大阪大学はそうした学びの場をいつでも開いておきます。

もう一点、「責任」について次にお話しします。

もはや旧聞に属することですが、米国のオバマ大統領がその就任演説の最後のところで、「新しい責任の時代」というスローガンを口にし、「米国民一人ひとりが自身と自国、世界に義務を負うことを認識し、その義務をいやいや引き受けるのではなく喜んで引き受ける機会をとらえること」を訴えたことは、みなさんもご存じでしょう。

「責任」と「義務」。なんとも古めかしい「倫理」の徳目が持ちだされているようにみえますが、この言葉は、一九六一年のジョン・F・ケネディ大統領の就任演説を踏まえています。それは「祖国があなたに何をしてくれるかを問うてはなりません。あなたが祖国のために何ができるかと問おうではありませんか」というものです。この言葉によってケネディ大統領は、自分がなすべきことを、自分が何をしてほしいかではなく、自分が何を求められているかというほうから考えようと呼びかけたのです。

オバマ大統領が掲げた「責任」という言葉、英語では「リスポンシビリティ」(responsibility)です。ここには日本語の「責任」という言葉からは感じられない独特の含意があります。「リスポンシビリティ」とは、直訳すれば、「リスポンド」できるということ、つまり、他者からの求め、訴えに応じる用意があるということです。さらに遡って、「リスポンド」とはラテン語の"re-spondere"、つまり「約束し返す」という言葉に由来します。欧米の人たちは伝統的に、〈ひと〉としての「責任」を、他者からの呼びかけ、促しに応えるという視点からとらえてきたのです。この他者は彼らにとっては神でもありうる。だから職業のことを、とくに使命や天職の意味を込めて、コーリング（calling）と呼びもしてきたのです。まさに神からの呼びだしに応じるということです。

日本語の「責任」にそのような含意はありません。「責任」といえば、国家の一員としての責任、企業の一員としての責任というふうに、組織を構成する一員として果たさねばならないことがらを思い浮かべます。それは匿名の役柄における責任であって、まぎれもなくこのわたしがいまだれかから呼びかけられているという含みはそこにはありません。

考えようによっては、阪神淡路大震災のあと、空前のボランティア・ブームが起こったときに人びとがとっさに抱いたのは、この、いま自分が呼びだされているという感覚ではなかったのかと、わたしは考えています。仮設の避難所に遠くから赴いた人たちは、自分はだれも知らないちっぽけな存在だけれど、そして会社でもいつも何をやっても「あたりまえ」、とくに評価されるわけではないけれど、ここでは「ああ、また来てくれたんやね」と、他とは違うこの〈顔〉として認められ、たどたどしいけれどまぎれもなくこのわたしの言葉で話すことができる。ねぎらいあうことができる。そのとき、人びとがもしその動機を訊かれたら、「責任」という言葉は持ちだしにくくても、「リスポンシビリティ」という言葉に対応する言葉が日本語にあれば、きっとそれで表現したことでしょう。

もちろん、名ざしで呼びだされている者として自分を意識するということには、危うい面もあります。他のだれでもなくこの自分が何者かからとくに召喚されているという意識が過大なまでに膨らんで、自分を他に優って嘱望された人間、つまりはエリート（選良）と考えて、うぬぼれてしまうからです。あるいは逆に、つねに他人による評価と称賛を求め、ときに卑しいばかりに他人に取り入ろうとするからです。ここでは、この自分という意識が方向を誤って、そう、オリエンテーションを間違って、他者の否定につながってしまっています。

重要なのは、自分とは異なる他者たちの、声にならぬ叫びや訴えにリスポンドできるということです。他者の消えそうな声を聴く耳をもつこと、その小さな声に“Can I help you?”と応じることができることです。みなさんには、労働者としてでも消費者としてでもなく、聴衆としてでも顧客としてでもなく、一人の「市民」として、そのような鷹揚さ、気前のよさ、つまりは「リベラリティ」を身につけていただきたいのです。

その際に大切なことは、人びとのニーズにただちに応えるというのではなく、そのニーズが応えるべきものなのかどうか、そしてわたしたちにとって何がほんとうのニーズであるかを考えつつ応えるということです。そしてそういう判断をするときに生きてくるのが、先にも申し上げた「教養」なのです。そういう「教養」こそが、きっと卒業後のみなさんが歩まれる道をしかと照らすこととなるはずです。

最後になりましたが、みなさんお一人お一人がこれからの長い生涯、幸運に恵まれ、悔いのない人生を送られることを祈りつつ、わたくしからの式辞とさせていただきます。

教養とは、一つの問題に対して必要な
いくつもの思考の補助線を
立てることができるということ

社会の根底的な変化を感知するセンス

２０１０年度　大阪大学秋季大学院学位記授与式　式辞

みなさんは専門的な研究の最初の一つをまとめ、ここに学位を得られました。学術の領域においてプロフェッショナルとしての一歩を踏み出されたわけです。ところで、そもそも学位とはいかなるものでしょうか。学術におけるプロフェッショナルとはどういう人のことでしょうか。

この夏に遭遇した一つの出来事についてご紹介することから始めたいと思います。いま名古屋では、あいちトリエンナーレ２０１０が開かれています。そのオープニングを飾る作品として、「森の奥」という演劇作品が上演されました。新聞などでも大きく取り上げられましたのでご存じの方もおられることと思いますが、この作品は、ヒトとロボットが共演する世界で初めての演劇です。そしてこのロボット演劇、じつは大阪大学で制作された作品なのです。アフリカの森林のなかにある霊長類の保護と研究のための施設で、ヒトとその同僚として働くロボットとが、サルとヒトとロボットに本質的な違いがあるのか、「理解する」というのはどういうことなのか、「人間」とは何者であるかを議論しあうという、ひじょうに哲学的な内容の演劇です。

ロボット工学者として世界的に有名な、基礎工学研究科の石黒浩教授はこれまで、人間科学研究科の認知科学の研究者らと協力しながら、みずから製作した精緻なロボットを媒介として、ヒトの「こころ」と「ふるまい」の研究をしてこられました。そんなある日、わたしは彼に、本学コミュニケーションデザイン・センター教授であり劇作家でもある平田オリザさんを紹介しました。わたくしの想像を超えて意気投合された二人は、やがて、ロボットとヒトが共演する演劇作品をいくつか実験的に作られました。ロボット研究の専門家と、人間の知覚や行動や情動の研究の専門家に、現代演劇の旗手が加わったのです。平田さんから石黒さんが教わったこと、それは、ロボットにヒトに似たふるまいをさせるには、ヒトのすべてのふるまいを模倣させるのではなくて、ふるまいのいくつかのポイントを抽出すべきだということでした。そして、そうしたいくつかのポイントを押さえるだけで、人形を人間以上に人間らしく見せる文楽の技を、人形遣いの桐竹勘十郎さんからもたっぷりと学び、平田さんのシナリオと演出の下、ロボット演劇を完成させていったのです。

現代の先端科学と現代演劇と伝統芸能のすばらしいコラボレーション、これを実現するには、さらに多くのプロフェッショナルの力が必要でした。ロボットのプログラマー、ロボットを長時間駆動させるためのコンデンサーの技師、そして俳優、プロデューサー、舞台装置や小道具の制作者、さらにはポスター制作者、広報のプロ、予算を組む経理のプロといった人たちです。それら多数のプロフェッショナルがそれぞれの「持ち場」を、まるでオーケストラのように交響させるなかで、この世界初のロボット演劇は生まれました。

このエピソードは、プロフェッショナルの何かを教えてくれます。

プロフェッショナルとは、専門の知識や技能をもった職業人のことだと、まずは言えるでしょう。いいかえると、プロには「その道一筋」とか「専門を究めている人」というイメージがともないます。余人がとてもかなわないような特定の「わざ」を身につけている人、というイメージです。

これ自体は間違いではありませんが、誤解を生むイメージではあります。というのも、いまお話しした例にあるように、どんなプロフェッショナルも、他のプロ、あるいは他のノン・プロと協同しなければ、何一つ専門家としての仕事をなしえないからです。

情報端末の微細な回路設計を専門とする技術者がいるとします。その彼は、超微細な回路を実現するためには、それを可能にするような材料の専門家と組まねばならない。どんな機能をどんなふうに載せるかについてシステム設計の専門家と組まねばならない。さらに、それを新製品として実現するためには、さらに別のプロ、たとえば消費者とじかにつながっている営業のプロ、広報のプロ、そしてもちろんコスト計算をしてくれる会計のプロとも組まねばならない。

ここで注意を要するのは、これら協同するプロたちにとって、組む相手はいずれも自分の専門領域からすればアマチュアだということです。当然のことですが、自分もまた相手からすれば素人にほかならないのです。ある筋のプロは、具体的な事業の場では、部分的な専門家、いいかえると「特殊な素人」にほかならないと言ってもいいでしょう。

とすれば、プロというのは、他のプロ――自分からすればアマチュア――とうまく共同作業できる人のことであり、そういう意味でのアマチュアに自分がやろうとしていることの大事さを、そしてそれがいかにわくわくするものであるかを、きちんと伝えられる人であり、そのために他のプロの発言にもきちんと耳を傾けることのできる人であり、とどのつまりはノン・プロと「いい関係」をもてる人だということなのです。

専門という、自分の蛸壺に閉じこもっている人は、優れたプロではありません。いやプロの名に値しません。大学院を出て博士号をとっている人は、専門の研究とはちょっとずれた研究をやってくれと言うと「それはわたしの専門ではありません」とあたりまえのように拒否するとぼやく企業人がよくおられますが、これは正当なぼやきだと思います。一つのことしかできないというのは、ほんとうのプロフェッショナルではない。たんなるスペシャリストにすぎないということです。

先日、ビデオカメラの手振れ補正の技術や、デジタルテレビ放送の基本技術といえる階層型伝送方式で知られるパナソニックの技術顧問の大嶋光昭さんと、お話しする機会がありました。その機会に、企業が真に求める博士課程の人材とはどういうものかについて質問しました。それに対して大嶋さんは、こんなふうに答えてくださいました。

「新しい分野の研究を始める際には、科学的で理論的なアプローチが不可欠です。わたしの経験でも、博士課程の人は、論理的に解析を進めたうえで、物理モデルを作成し、あまり実験をすることもなく、見事に問題を解決してくれました。確かにいったん物理モデル等が確立してしまうと、博士課程でない一般研究者でも進められますので、確立した研究テーマにおいては博士課程の人材が不可欠ではありません。実のところこれまでの日本企業には新しい研究に挑戦する機会があまりありませんでした。しかし、日本はいまアジアなどの中進国に追い上げられていますので、自然と新しい分野の研究をせざるをえなくなりつつあります。そういう意味で、科学的なアプローチ手法と、広い基礎知識をもつ博士課程の方の需要は今後大きくなると思います」。こんなふうにおっしゃいました。

ポイントは、学術のプロというのは、「分野」のプロなのではなくて、「研究」のプロだというところにあります。

たしかに、ある分野でのプロには、他の人たちが気づいていない問題領域で、問題を突き詰めるために、独りもがき、苦しみ、悩みぬいてきたという自負があります。けれどもそうした問題領域でしかその能力が発揮できないというのではなくて、何かある一つの問題を究めるという経験をとことんしてきたことで、問題を究めるというその仕方あるいはスタイルが身についていて、だから別のどんな問題でも究める用意があるということこそが、真のプロフェッショナルであることの条件なのではないでしょうか。

自分にしかできないことを知っているというのは、裏返して言えば、自分にはできないことをも明確に知っているということです。そして自分にはできないことを知っている別の人と協働しないことには、自分にしかできないことすらも実現できないということを知っているということです。

このことが意味しているのは、逆説的な言い方になりますが、ある分野の専門研究者が真のプロフェッショナルでありうるためには、つねに同時に「教養人」でなければいけないということです。教養とは、一つの問題に対して必要ないくつもの思考の補助線を立てることができるということです。いいかえると、問題を複眼で見ること、いくつかの異なる視点から問題を照射することができるということです。このことによって、人の知性はより客観的なものになります。わたしたちの知性がそのように複眼的になるためには、常日頃から、自分の関心とはさしあたって接点のない思考や表

現にふれるよう心がけていなければなりません。自分の専門外のことがらに対してい
つも感度のいいアンテナを張っていること、そう、専門外のことがらに対して狩猟民
族がもっているような感度の高いアンテナを、いつも自分のまわりに張りめぐらせて
いなければならないということです。要するに、狩猟民族が数キロメートル離れた地
点での自然環境の微細な変化に的確に感応するのと同じような仕方で、同時代の社会
の、微細だけれども根底的な変化を感知するセンスをもつということです。

そういうグッドセンスを、みなさんにはこれから一層磨いてほしいと思います。そ
うしてこそはじめて、みなさんは、みずからの限られた専門知を広く社会に活かすこ
とができるようになります。自分の専門領域に関することがらを、その専門領域を知
らない人たちに、魅力あるものとして語ることもできるようになります。

以上が、今日、プロフェッショナルとしての一歩を踏み出されたみなさんに、わた
くしがぜひとも伝えたかったことです。

もしリーダーに推されたとき、
いつでも「一差し舞える」よう、
日頃からきちんと用意をしておけ

重要なのは優れたフォロワーシップ

2010年度　大阪大学卒業式・学位記授与式　式辞

途方もない災害が起こってしまいました。

今日卒業式を迎えられたみなさんのなかには、家族を、あるいは家を失い、不安に押しつぶされそうになっておられる親族、友人、知人がおられ、その人たちのことが片時も頭から離れない方がきっとおられるでしょう。また、ここに集われたみなさんの半数近くは、十六年前のあの阪神淡路大震災を身をもって体験しておられるはずです。学部の人なら小学校に入られたころ、大学院の人なら小学校の高学年くらいだったでしょう。そのときの恐怖やその後の苦難をまだ体の記憶として残したまま、今回の震災の報にふれ、あらためて慄然とされたことでしょう。その一人であるわたしも、深夜に電気を消すのが不安で、寝るときはいまも蛍光灯をつけたままにしています。ですから、このたびの地震から二週間経ったいまも、電源を落とした避難所、あるいは孤立した民家で異様なほどに静かな漆黒の夜を迎えておられる人たち、暗闇のなかで「命がけ」の冷却活動にあたっておられる作業員たち、自身も被災しながら夜を徹して救援活動や医療活動にあたっておられる方々、その人たちの心持ちを察すると、いまわたしたちがこうした照明の下でみなさんの卒業と修了とをともに讃えあえることが申し訳なく思えてきます。

被災地の人たちと、被災の全貌を知ることができずに遠くから案じるだけのわたしたちのあいだには、どうしようもない隔たりがあります。被災の現場に行って被災者の方々にインタビューする放送記者の人たちと被災者のあいだには、おそらくもっと大きな隔たりがあるかもしれません。それはちょうど、介護施設でスタッフが食事のお世話をしながら「おいしい？」と訊ねることと、ユニットケアの施設でスタッフが入所者の人たちと同じ食べ物をともに口にしながら「おいしいね」と囁きあうこととのあいだの落差のようなものだと思うのです。

別の言い方をするなら、被災地にあっても、被災地から遠く離れていても、いま、「生き残った」という思いに浸されている人はけっして少なくないでしょう。「生き延びた」ではなく「生き残った」というこの感覚にはどこか、被災しなかったこと、あるいはそれがごく少なかったことへの申し訳のなさのようなもの、罪悪感のようなものがつきまといます。こういう隔たりはだれもすぐには埋められません。すぐには超えられません。

そうしたなかで、いま遠くにいるこのわたしたちのなしうることは限られています。物資や義援金を送ること。移送の道を、避難の道を塞がないこと。買いだめせずに、いつもより消費を控えることでできるだけ多くの物資が被災地に回るよう心がけることなどです。復興には相当な時間がかかるでしょうが、被災者の受け容れから現地での支援活動まで、遠くにいるわたしたちにもできることがいずれ見えてきます。その準備にあたることが、いまわたしたちにできる精一杯のことです。

こうした〈隔たり〉について、もう少し考えてみようと思います。

いまわたしは、控えめの生活をすることが、被災に遭わずにすんだ者にできる精一杯のことだと言いましたが、逆に、余所ではふだんどおりの生活をしているということが復興に向けての「希望」になる、あるいは経済的支援になると考える人もいるはずです。被災地でも同様のことはあるでしょう。上空を旋回する報道のヘリコプターの轟音に、救出を求める人の声が聞こえないと憤る人もいれば、「だれかが見守ってくれている」と感じる人もいるでしょう。人の思いというものはこのように、立っている場所でずいぶん異なります。同じ被災地のなかでも〈隔たり〉はあるのです。

阪神淡路大震災のときに、わたしは当時神戸大学の附属病院に勤務しておられた精神科医の中井久夫先生から一つの言葉を教わりました。"copresence"という言葉です。中井先生はこの言葉を「いてくれること」と訳し、他人の"copresence"が被災の現場でいかに重い意味をもつかを説かれました。被災直後、中井先生は地方の医師たちに救援の要請をなさいました。全国から多くの医師が駆けつけたのですが、中井先生はじめ神戸大学のスタッフが患者さんにかかりっきりで、応援団になかなか交替のチャンスが、回ってこない。そのうちあまりに長い待機時間に小さな不満の声が上がりはじめたとき、中井先生はその医師たちに集まってもらい、「予備軍がいてくれるからこそ、われわれは余力を残さず、使いきることができる」と語りはじめました。そして、「その場にいてくれる」という、ただそれだけのことが自分たちのチームにとってどれほどポジティヴな意味をもつかを訴えられたのです。じっと見守ってくれている人がいるということが、人をいかに勇気づけるかということは、被災の現場だけでなく、たとえば子どもが初めて幼稚園に行ったときの情景にも見られることです。子どもが初めて幼稚園に行ったとき、母親から離れてひとり集団のなかへ入ってゆくときの不安は、だれもが一度は経験したはずです。ちらちら母親のほうをふり返り、自分のほうを見るその顔を何度も確認しながら、恐る恐るやがて仲間となるはずの見知らぬ他者たちの輪のなかへ入ってゆく……。人にはこのように、だれかから見守られているということを意識することによってはじめて、庇護者から離れ、自分の行動をなしうるということがあるのです。そしていま、わたしたちが被災者の方々に対してできることは、この見守りつづけること、心を届けるということです。

みなさんは学業において優秀な成績をおさめられ、社会に出てもさまざまな場所でこれまた優れたリーダーたることをめざしておられるかもしれません。もちろんそれは間違いではありません。けれども忘れてはならないのは、だれもがリーダーになりたがるような社会はすぐに壊れるということです。一つの事業を成し遂げるには、リーダーとともに、脇役や黒子やコマが要ります。昨今、リーダー論の本が書店には溢れていますが、そしてちょっとひねくれた言い方になるかもしれませんが、そもそもリーダー論に素直に従うような人はリーダーになれないということもあります。リーダーたる人は前例を踏襲せずに、みずから道を開いてゆく人であるはずだからです。

リーダーシップについて論じ、なんとも深い味わいがあるなあと感心した言葉があります。それは、パナソニックの創業者、松下幸之助さんが自社の管理職員の前で話した言葉です。松下幸之助さんは「成功する人が備えていなければならないもの」として、「愛嬌」と「運が強そうなこと」と「後ろ姿」という、意外な三つを挙げました。理由はあえて説明せずに、です。この三つの条件について、わたしはこんなふうに解釈しています。

「愛嬌」のある人にはスキがあります。無鉄砲に突っ走って転んだり、情にほだされていっしょに落ち込んでしまったりする。だからまわりをはらはらさせる。わたしがしっかり見守っていないと、という思いにさせるわけです。

次に、「運が強そうな」人のそばにいると、何でもうまくいきそうな気になるものです。その溌剌とした晴れやかな空気に乗せられて、一丁こんなこともやってみるかと冒険的なことにも挑戦できます。

次に、だれかの「後ろ姿」が眼に焼きつくときには、見ているほうの心に静かな波紋が起こります。寡黙な言葉の背後に秘められたある思いに想像力が膨らむのです。あの人は何をやろうとしているのか、何にこだわっているのか、ついそのことを考えてしまいます。

そう、見る人を受け身ではなく、能動的にするのです。無防備なところ、緩んだところ、それに余韻があって、それが他人の関心を引き寄せてしまうからです。軸がぶれない、統率力がある、聴く耳をもっているなどといった心得も、たしかに大事でしょう。が、この隙間、この緩み、この翳りこそ、人の関心を誘いだすものなのです。組織とはいうまでもなく人の集団です。そして、一人ひとりが受け身で指示を待つのではなく、それぞれにそれぞれの能力を全開して動くそのときに、組織はもっとも活力と緊張感に溢れます。上司の命を待つのではなく、一人ひとりが自分の頭で考え、へこたれずに行動できる組織がいちばん活力があるのです。"Getting things done by others."（他者を通じて物事を成し遂げる）そういう意味では、リーダーがいなくていい組織を作れるのが真のリーダーだと言えるかもしれません。

みなさんに卒業後求められるのは、専門家としての技を磨くことであるとともに、「成熟した市民」「賢い市民」になることです。市民社会、その公共的な生活においては、リーダーは固定していません。市民それぞれが社会のそれぞれの持ち場で全力投球しているのですから、だれもいつもリーダー役を引き受けられるとはかぎりません。だとすれば、それぞれが日頃の本務を果たしつつ、public affairs（公共的な課題）については、あるときは「いま仕事が手を抜けへんので代わりにちょっと頼むわ」、あるときは「本業のこと、ほんとは心配なんやろ、しばらくはおれがやっとくわ」というふうに、それぞれが前面に出たり背後に退いたりしながら、しかしいつも全体に目配りしている……そういうメンバーからなる集団こそ、真に強い集団だということになるでしょう。いいかえると、日々それぞれの持ち場でおのれの務めを果たしながら、公共的な課題が持ち上がれば、だれもがときにリーダーに推され、ときにメンバーの一員、そうワン・オブ・ゼムになって行動する、そういう主役交代のすぐにできる、しなりのある集団です。その意味では、リーダーシップと同じくらい、優れたフォロワーシップというものが重要になってきます。自分たちが選んだリーダーの指示に従うが、みずからもつねに全体を見やりながら、リーダーが見逃していること、見落としていることがないかというふうにリーダーをケアしつつ付き従ってゆく、そういうフォロワーシップです。

良きフォロワー、リーダーを真にケアできる人物であるためには、フォロワー自身のまなざしが確かな「価値の遠近法」を備えていなければなりません。「価値の遠近法」とは、どんな状況にあっても、次の四つ、つまり絶対なくしてはならないもの、見失ってはならぬものと、あってもいいけどなくてもいいものと、端的になくていいものと、絶対にあってはならないものとを見分けられる眼力のことです。映画監督の河瀬直美さんの言葉を借りていいかえると、「忘れていいことと、忘れたらあかんことと、それから忘れなあかんこと」とをきちんと仕分けることのできる判断力のことです。こういう力を人はこれまで「教養」と呼んできました。

昨年亡くなられた文化人類学者の梅棹忠夫さんは、亡くなられる直前のインタビューにおいて、いつも全体を気遣いながら、自分にできるところで責任を担う、そういう教養のあるフォロワーシップについて語っておられました。そしてその話をこんな言葉で結ばれました。――「請われれば一差し舞える人物になれ」

もしリーダーに推されたとき、いつでも「一差し舞える」よう、日頃からきちんと用意をしておけ、というのです。わたしはみなさんに、将来、周囲の人たちから、「あいつにまかせておけば大丈夫」とか「こんなときあの人がいたらなあ」と言ってもらえる人になっていただきたいと心から願っています。そう、真に教養のあるプロになっていただきたいのです。そのために大学に求むるものがあれば、いつでも大学に戻ってきてください。大阪大学はそうした学びの場をいつでも開いておきます。

人をまとめ、平均化し、
同じ方向を向かせようとする動きに、
最後まで抵抗するのが、芸術だ

芸術の根底にある民主主義の精神

2015年度　京都市立芸術大学卒業式　式辞

みなさんとは一年だけのおつきあいでしたが、京都芸大でのこの一年は、わたしにとって、長い教員生活のなかでもとりわけて印象深いものでした。

着任早々のことでした。学長室で仕事をしていたら、春休みをはさんで久しぶりに会う学生たちが大声で友だちを呼び、先生を呼ぶ声が聞こえました。キャンパスでこんなにも明るく大声を出せる大学は、いまどき、他にはありません。愉快になって、さっそく事務の方にキャンパスを案内してもらいました。その方は、学生とすれ違うと、一人ひとり、どういう学生か教えてくれました。一回生の総合基礎実技の作品展のときは、朝大学に来ると、ニセ応援団の熱い呼び込みを受けたり、事務棟の階段に可愛くも意味不明なマスコットが飾られていたりしました。嬉しい朝の出迎えでした。五芸術大学祭のクロージングでは、中央広場でどこからともなくサンバのリズムが始まり、学生のみならず職員までが居ても立ってもいられなくて職場を放棄し、踊りの輪に入っていきました。みなさんの制作風景、練習風景が見たくて、授業をのぞかせてもらったときは、迷ったり思いつめたり頸《くび》を傾げたりしているのに、こちらの質問にはきはき答えてくれました。秋には時間をかけた芸大祭の準備、年末には、音楽学部のほぼ総勢が参加した定期演奏会で、みなさんのきりっとした面持ちにふれて震えました。年が明けて、美術学部の作品展では、タイムリミットぎりぎりまで格闘したみなさんの作品群に出会い、一つのことにここまで真剣に取り組む学生たちがいることに胸を熱くしました。

一年を通じてわたしは、大事な二つのことを目撃しつづけました。

一つは、みなさんが「とことん」ということを経験したことです。何ごとであれ、寝食を忘れるくらいにのめり込んだ経験は、人生の財産です。失敗してもいい、とにかく何かをとことん突きつめたという経験は、のちの人生で行き詰まったとき、「あのときはあそこまでやったんだから、できたんだから」という記憶とともにあなたたちを支えるはずです。そんな大事な経験をあなたたちはした。そしてそれを潜り抜けたあとは、これまた豪快なばかりにほどけ散った。この集中とほどけのコントラストは見事でした。

もう一つは、みなさんが、それぞれがそれぞれの課題と格闘しながらも、他大学では見られないくらいに、たがいによく助けあったということです。もちろん、一人に戻ったときの焦りや苦しみ、あがきも十分、含み込んだうえで言っているのですが。

ピアニストで指揮者のダニエル・バレンボイムは、オーケストラの演奏について、こう語っています。

《音楽の本質に対する最悪の罪は、それを機械的に演奏することだと思う。〔…〕たとえ二つの音符でさえも機械的に演奏してはならないというのは、すなわちオーケストラ奏者のプロフィールはひとりひとりみな異なっているということだ。オーケストトラ奏者の態度として最悪なのは、非常によく準備ができていて、完璧に演奏することができるのだけれども、個性というものをまったく欠いているというものだ》と。

一人ひとりがみな違う存在であること。そのことをたがいに承認しあえているということ。このことは、社会での暮らしや活動においてもとても重要なことです。

ここでもう一つ、越後妻有や瀬戸内の芸術祭を企画・運営してきたアートディレクター、北川フラムさんの言葉も引いておきたいと思います。彼は近著『ひらく美術』（ちくま新書）のなかで、美術についても同じことを言っています。

《美術は、人と異なったことをして褒められることはあっても叱られることはありません。美術は一人ひとりが異なった人間の、異なった表現だと考えられているからです。それぞれ違う一人ひとりが一緒に生き、何かをやっていくことは大変手間のかかることです。だから尊い》、と。

そして高らかにこうつづけます。

《美術、芸能だけが、「人と違って褒められる」ことがある唯一のジャンルです。ここに美術の栄光があり存在価値があります。〔…〕今、この瞬間に地球上に72億人の異なった人がいるという、厳粛で、微笑ましい事実が美術の思想的基盤なのです》、と。

バレンボイムと北川フラム、この二人がたまたま言葉を揃えて言っているように、一人ひとりが異なる存在であること、このことはいくら強調しても強調しすぎるということはありません。だれをも「一」と捉え、それ以上とも以下とも考えないこと。これは民主主義の原則です。けれどもここで「一」は同質の単位のことではありません。一人ひとりの存在を違うものとして尊重すること。そして人をまとめ、平均化し、同じ方向を向かせようとする動きに、最後まで抵抗するのが、芸術だということです。

その意味で芸術は民主主義の精神ときわめて近いものなのです。先ほど引いたバレンボイムはこうも書いていました。

《民主的な社会に暮らす方法を学びたいのならば、オーケストラで演奏するのがよいだろう。オーケストラで演奏すれば、自分が先導するときと追従するときがわかるようになる》、と。《他の人たちのために場所を残しながら、同時にまた自分自身の場所を主張する》こともできるようになるというのです。

そういう意味では、芸術は何か人びとの鑑賞にたえる美しいものを創り上げる活動というよりは、日々の暮らしの根底にあるべき一つの〈態度〉のようなものかもしれません。死者をどう弔うのかという態度。他者の悲しみにどう寄り添うのかという態度。人びととどう助けあうのかという態度。政治的なものにどう参加するのか、さらには自分自身にどう向きあうのか、生き物としての、あるいは身体としての自分の存在にどうかかわるかについての態度、それらを貫く一つの確かな〈態度〉として芸術はあるのです。

よく言われるように、芸術が国家よりも古い《人類史的》ないとなみであるというのは、それがどんな時代にあっても人びとの暮らしの根底で働きだしてきたからです。それを深く経験しはじめているみなさんには、これからどのような場所で、どのような職業をつうじて芸術にかかわりつづけるにしろ、芸術をつうじて、同じ時代を生きる人びととの歓びや悲しみ、苦しみに深く寄り添い、どんな苦境のなかでも希望の光を絶やさぬよう、力を尽くしていただきたいと思います。

美術学部の人なら、アーティスト、あるいは学校の教員、美術館の職員、さらには企業の広報やデザイン部門、NPOのメンバーなど、これから就かれる仕事はさまざまでしょう。音楽学部なら、演奏家、伴奏者、音楽イベントのプロデューサー、そして照明や音響の技師、音楽科の教師、さらには企業、NPOなど、数々の職に就かれもするでしょう。あなたがたがこれからどんな仕事に就かれるにしても、この大学で芸術にいちど、寝食を忘れるまでにとことん取り組んだ経験は、これまで申し上げたような意味で、このあとかならず大きな財産になると信じています。

自分が孤独な状態のなかで
独り抱え込んでいると思いつめている
苦痛や不安も、けっして個人の
プライベートな問題ではありません

全容を把握できないまま
拡大し続ける社会

２０１６年度　京都市立芸術大学卒業式　式辞

わたしがこの大学の学長を務めさせていただくようになって、二年が過ぎました。大学の教員になってから四十年ほどになりますが、わたしにとって実技系中心の大学で仕事をするのは初めてのことでした。そしてこれまでずっと、実技系の大学で学ぶこととは何だろうかと考えてきました。みなさんに卒業のお祝いの言葉を贈るにあたって、まずそのことから始めたいと思います。

一昨年に亡くなられた詩人の長田弘さんは、若い頃、オートバイによるヨーロッパ縦断の旅に出られ、その紀行文のなかにこんな言葉を書きとめられました。

――見えてはいるが、誰も見ていないものを見えるようにするのが、詩だ。――

哲学を専攻しているわたしは、ここで詩と言われているのはそのまま哲学のことだと思い、体の芯から震えました。わたしは今日まで長田弘さんの書かれる文章の「詩」のところを、いつも「哲学」に置き換え、それらの文章を哲学の研究者にも宛てられたものとして読んできました。

その長田さんが晩年に書かれたものに、「チェロ・ソナタ、ニ短調」というエッセーがあります。それはこんな文章で書きだされています――

――ひとのもつ微妙な平衡感覚をつくっているのは、そのものがそのものとしての正しい大きさをもっていると信じる、あるいは信じられるということだ。正しい大きさの感覚が、認識を正しくするのだ。――

ここで《正しい大きさの感覚》とは、身体の容量、ヴォリュームにもとづくそれのことです。人間は自分の身体の大きさを物差しとしてしか世界を測れないからです。じじつ、わたしたちはこれまで、みずからの身体を基として世界を測定してきました。左右に大きく拡げた腕の幅、指先から肘までの長さ、拡げた掌の親指と小指の隔たり。これらを単位にものの大きさを測ってきました。あるいは、歩数で距離を測ってきました。世界を測るとは、みずからの大きさを手がかりとして、正しい大きさにあるものたちのあいだの均衡を知るということなのです。そしてそのことをつうじて、ひとは宇宙のなかの自分の大きさ、小ささを知るのです。

そういう意味で、世界のリアリティの基は個々の身体にあると言えます。そしてこのリアリティは、まずは身近にある他者の身体とみずからのそれとがいわば生身でまみえ、交感するなかで、時間をかけてじっくりと形成されていきます。

が、ものの大きさ、宇宙の大きさは、現代社会にあっては、テレビやスマートフォンの映像でかんたんに相対化されてしまいます。指先で、あるいはボタン一つで、どうにでも拡大／縮小できるからです。ここでは人間の存在が大きくなりすぎて、他の存在がみなまるで操作の対象のように扱われてしまう。この世界にあるものたちのあいだの均衡が揺らいでしまうのです。そして長田さんがもっとも憂慮したのは、このことで、《想像されたものの正しい大きさの感覚》までもが傷つけられてしまうのではないかということでした。

帽子は、帽子としての正しい大きさをもっていての帽子であり、クロッカスは、クロッカスとしての正しい大きさをもっていてのクロッカスであり、犀《さい》は、犀の正しい大きさをもっていての犀だと、長田さんは言います。同じように、一角獣という想像上の存在も、その正しい大きさをもっていての一角獣であるはずなのに、その大きさがだれにもわからなくなっているのではないかと言うのです。

芸術も同じです。《音楽》にも正しい大きさというものがきっとある、そう長田さんは思ったのでしょう。このエッセーの末尾で、ラトヴィア生まれのチェリスト、ミッシャ・マイスキーの独奏をじかに聴いたときの想いをこう綴っています――

《小柄で人なつこい顔をした（この）チェリストは、じつに愛しそうに、チェロを抱いて弾く。まるで音楽を愛するというのは、一人のチェリストにとって、チェロの正しい大きさを愛することなのだというふうに。ひとのもつ全体の感覚を、いま、ここに生き生きとよびさますのが音楽ならば、そのショスタコーヴィチのチェロ・ソナタ、ニ短調がまさにそうだった》と。

そう、チェリストはチェロを、世界を測るみずからの身体の一部としたのです。いいかえると、チェロというもう一つの身体を手に入れることで、チェロという楽器を基に、世界をさらに正確に、それまで人が知らなかったところまで測りはじめたということです。

同じことはおそらく絵画や彫刻や陶芸についても言えるでしょう。人物や風景はふつう実物よりも小さく描かれ、また彫琢《ちょうたく》されますが、ときにニキ・ド・サンファルの女性像のように、あるいはヤノベケンジさんの巨大ロボット人形「ジャイアント・トらやん」のように、とてつもなく大きいオブジェとしてしかその存在を表わせないこともあります。茶道の茶碗の大きさにしても然り。そういう正しい大きさの探究こそが芸術といういとなみの核にあるのではないか。長田さんは、そういう確かな「大きさの感覚」が身体の内から立ち上がる、その地点にまで立ち返って芸術を考える必要を、静かに訴えたのでした。

　みなさんもこの四年間、楽器をいやというほど弾きこなし、絵の具や土を捏《こ》ね、積み上げるなかで、まさに身体をとおしてその「正しい大きさ」を問いつづけてこられたのではないでしょうか。そしてそれはモノとの関係、自然や宇宙との関係においてだけではありません。現代という時代は、他の人たちとともに生きる、その社会の正しいサイズについても同じ問いを向けなければならない時代なのです。わたしたちが生きていくためにどうしても必要な社会のシステムは、いま、複雑に錯綜しつつひたすらそのサイズを拡大しつつあるように見えます。そしてその全容をだれも摑めないような状態になっている、あるいは個人の力ではもはや制御不能な状態になっている。が、これはとても危ういことです。そのことをわたしたちは六年前、福島第一原発事故によって思い知らされました。わたしたちが集団として生き延びるには、その生存の手立てをすべてシステムに預けるのではなく、その基となるべきコミュニティにもっと力をつけなければならない。そのときコミュニティの「正しい大きさ」とは何か。それを探りなおすことがいまほど強く求められている時代はないと思うのです。

実技系の学びというのは、自分の身体にまさにそうした「正しい大きさの感覚」を呼び戻すためにあります。みなさんは、演奏のなかで、あるいは制作のなかで、過去の芸術家たちのその探究に学び、それらと辛抱強く対話し、さらに現代という時代の課題に応えるべくそれを超えていこうと研鑽しつづけてきました。そういう伝承と刷新、保存と創造のダイナミズムに、それぞれが身を晒してきたのです。それが実技の学びということです。

ここでとりわけ大事なことは、自分たちが歴史の一定の高さにいるということをしっかり摑むことです。芸術の歴史のみならず、芸術が置かれてきたこの社会の歴史、政治や経済の歴史の、一定の水準にいるということです。自分が孤独な状態のなかで独り抱え込んでいると思いつめている苦痛や不安も、けっして個人のプライベートな問題ではありません。家族や地域から国際情勢まで、自分が一定の歴史的な脈絡のなかに生まれ落ちたこととつながっています。そして、これからもいやでも他の人びとともに時代に巻き込まれ、道筋も見えないまま生きてゆくほかありません。そしてそれがのちにまぎれもない歴史となります。そういうふうに、自分の個人的な傷や不安も、表現行為も、ことごとく時代のなかにあるということを、見逃さないでほしいのです。自分の問題が時代のなかに深く根を張っていることを知ることで、そこからどのように、自分の生き方、さらには自分たちの生き方のギアを入れ替えるのか、それを考えつづけてほしいのです。

さいわい、みなさんは演奏する曲ごとに、制作する作品ごとに、一つの行為の初めと終わりを、何度も、強い緊張のなかで経験してきた。それが京都芸大での四年間の最大の財産です。総合大学で卒業時にやっと卒業研究や卒業論文に取り組むのとは違い、あなたがたは夥しい数の曲をひたすら練習し、演奏してきた。果てしない時間をかけて試行錯誤をくり返し、最後は作品にしてきた。初めと終わりのあるプロセスを何度も何度も歩み抜いたということ、これはほんとうに幸運なことなのです。

というのも、たとえば東北の被災地には、六年という歳月を経ても、いまなおその日から時間が凍結したままの人がいる。「心の時計」がやっと少しだけ動きだしたと漏らす人もいる。その一方で、《復興》への道のりを思い、時の歩みはむごいまでに遅いと、ずっと苛立ってきた人もいる。そのように多くの人が、先が見えないままのサスペンディッドな状態に置かれています。未だ避難生活を強いられている十二万三千人もの人たち。この間生活の拠点を何度も移しかえねばならなかった人たち。帰郷しても先の見通しが立たない人たち。仕事のこと、健康のこと、老後のこと、何よりも子どもの将来のこと……そんなあたりまえの大事が、それぞれの場所でそれぞれに問題を深く抱え込んだままです。被災地の外では「記憶の風化」が口にされますが、被災地では六年経っても完了形で語れることはとても少ないのです。

しかし、見通しがつかないのは、じつは被災地だけではありません。社会全体が現在、そういう傾向を強めています。だれにも行き先がよく見えなくなっている、それが現代という時代です。どういう形であれ、これからもずっと芸術にかかわる仕事をつづけていきたいと願っているであろうみなさんも、先行きがしかと見えず不安であるのは同じでしょう。そんなみなさんに、最後に、この大学の大先輩で、わたしの長年の友人でもある美術家の森村泰昌さんの言葉を贈りたいと思います。

森村さんはヨコハマトリエンナーレ２０１４でアーティスティック・ディレクターを務めましたが、その公式ひらがなカタログ『たいせつな わすれもの』（平凡社）のなかで、福岡道雄さんという彫刻家の仕事について書いています。福岡さんは彫刻の制作をあえてみずから断つその直前の一九九〇年代後半に、大きな金属板に電動彫刻刀で細かい文字をそれこそ何千回、くり返し書き刻む作品を作りました。漆黒の金属板にドリルでひたすら《何もすることがない。》と刻みつづけたのです。その仕事にふれて、森村さんはこう書いています。

いきがいって　ことばが　あるね。
だれかのために　なにかを　してあげるとかさ。
おかねを　かせぐとか、
スポーツで　いい　タイムを　だすとかさ。
でもね、
だれもが　いきがいを
みつけられるとは　かぎらない。
いきがいに　なることが　なにも　ないときは
どうすれば　いいのだろう。
こたえは、
ふくおかさんの　さくひんが　おしえてくれる。
そう、なにを　していいか　わからないときは、
「何も　することがない。」ということを

やりつづけたら　いい。
ふくおかさんは、
なんびゃっかい、なんぜんかいと
「何も　することがない。」と
ほりつづけました。
それが　さくひんに　なる。
げいじゅつに　なる。
なにも　することが　なくても、
げいじゅつの　かみさまは、
あなたを　みすてません。

この作業、ワークが、芸術ではそのまま作品、ワークになるのだというのです。
みなさんもこの先きっと、何度も、道に迷ったり、目の前の道が消えたり、分かれ道で途方に暮れたりすることがある。でも、この大学で何度も何度も演奏と制作のプロセスを歩み抜いた経験、いいかえると、芸術にいちど寝食を忘れるまでにとことん取り組んだ経験は、あなたがたの身体にしかと痕跡を残し、このあとかならず大きな財産になるはずです。みなさんには、これからどのような場所で、どのような職業によって芸術にかかわりつづけるにしても、芸術をつうじて、同じ時代を生きる人びとの歓びや悲しみ、苦しみに深く寄り添い、どんな苦境のなかでも希望の光を絶やさぬよう、力を尽くしていただきたいと心から願っています。

芸術を人生の軸として生きるとは、
独創的な表現の〈主体〉に
なることではなくて、
社会の〈器〉になること

「わたし」の表現は「時代」の表現

2017年度　京都市立芸術大学卒業式　式辞

この二月には美術学部・美術研究科のみなさんの制作展をたっぷりと見させていただき、一昨日は音楽学部の卒業演奏会を今年もステージの袖で聴かせていただきました。また毎月、わたしの執務室で開かれるコンサート「ムジカジカン」には、音楽学部のみならずときには美術学部の有志も参加してくれ、至近距離でみなさんの息遣いを感じてきました。刃物のように鋭い集中力と、体の痼《しこ》りを解いてくれるような穏やかな空気に、職員やわたしたちは、ときに胸に何かがぐっとこみ上げるような思いすらしました。ほんとうにありがとう。

さてその卒業制作、そして卒業演奏には、いつも驚愕させられます。先生がたからは厳しい言葉が返されるのかもしれませんが、わたしには「凄い」という言葉しか出てきません。わたしにも若い頃、絵と楽器演奏にのめり込んでいた時期がありますので、そしていずれもかなりの期間取り組んだうえでついに挫折したので、あなたがたがみな人並み外れた才能をもっていることはよくわかります。だからわたしはみなさんに対しては「学長」ではなく「応援団長」を名のってきました。入学時にはまだ「原石」でしかなかったその才能を、あなたがたはこの四年間で、ときに迷い、ときにもがきながらも、しかと磨いてこられました。ですから今日ここで、みなさんのこれまでの研鑽を、「応援団長」として心から祝福したいと思うのです。

　ただ、その才能は、あなたがた一人ひとりのものではありません。才能（talent）という語にはよく“gifted”（「恵まれた」とか「天賦の」）という形容がなされるように、それはあなたがたに贈られたものでもあるのです。「原石」は、それを磨いてくれる人、磨かせてくれる環境、さらにはそれを磨くことに専念させてくれる人びとの支えがあってはじめて輝きを得ます。そういう意味で、贈られたものなのです。

それとともに、「贈られた」ということにはもう一つ、別の意味も含まれています。贈られたものは贈り返されねばならないという、言ってみれば「義務」ないしは「責任」のことです。「義務」や「責任」と言うと、日本語ではとても硬い感じがしますが、「義務」は英語では“obligation”。興味深いことにこの語には「恩義」や「感謝」という意味もあります。たとえば今日わたしがこうしてあるのは誰々のおかげだ、と言うことがありますが、そのときの「誰々に負う」という感じ、その拘束感が「恩義」や「感謝」というものです。ポルトガル語の“obrigado”も「ありがとう」という感謝の表現です。そして次に「責任」。英語ではこれは“responsibility”ですが、この語を分解すると“respond”と“ability”。つまりだれかの訴えや促しに応じることができる、あるいは応える用意があるということです。もういちど言いますが、才能を贈られた人には、この贈り返すということが「義務」ないしは「責任」としてあるということです。

卒業後、みなさんは、自身で芸術をさらに究めてゆく道を選ばれるにしても、あるいは芸術を下支えする道に進まれるにしても、その道は果てしなく長いし、迷いや不安もずっとつきまとうことでしょう。でもその迷いや不安のただなかで、自分がしたいこと、しようとしていることの再確認とともに、自分が自分を応援してくれた人びとから何をすべく期待されているかということもいちどならず顧みてほしいのです。わたしたちが孤独な状態のなかで独り抱え込んでいると思いつめている苦痛や不安も、けっして個人のプライベートなことがらではありません。家族や地域から国際情勢まで、自分が一定の歴史的なコンテクストのなかに生まれ落ちたこととつながっています。自分の個人的な傷や不安も、表現行為も、このようにことごとく時代のなかにあるということを、しかと見つめてほしいのです。

「わたし」というのは、銘々がそう思っているほど確固としたものではありません。「わたし」の表現とは、じつは「わたし」の存在が負っているものすべての表現でもあります。その意味でいかにプライベートに見える表現も、同時に「時代」の表現なのです。

そう考えると、制作する「わたし」、演奏する「わたし」とは、じつは時代がみずからを表現するときの〈器〉のようなものだということになります。そういう〈器〉として「わたし」に何ができるのか。みなさんにはそういう視点を、いつももっていてほしいと思います。みなさんはこれからも多くの苦難を経験されるでしょうが、その苦難は他の人びとの苦難、困窮ともつながっていること、つまりは時代の痛みでもあるということ、そのことをよくわきまえた〈器〉となってほしいと思うのです。

この〈器〉ということについては、みなさんの先輩で、長く京都のVOICE GALLERYを拠点にアーティストたちを支える仕事に取り組んでこられた松尾恵さんが、別の言葉で次のように述べておられます。

> 芸術家は、自身をふくめて、種々の境遇や状況など、叫びやつぶやきに耳を傾け、社会が見ない・聴かない小さな個人を代弁し、その存在を形にする重要な存在なのである。〔…〕（その意味で）芸術は、経済や福祉やその他の社会的サービスの

すべてに共通する概念なのだ。

（「京都新聞」二〇一八年二月二十三日夕刊）

これ、すごく大事なことです。

そして〈器〉ということについては、さらにもう一人、歴史社会学者の山内明美さんが『こども東北学』（イースト・プレス）という本のなかで、とても大切なことを書いておられます。

放射能汚染の不安が日本社会を覆いはじめたとき、わたしがいちばんはじめに感じた違和感は、いま起きている土と海の汚染が、自分のからだの一部で起こっている、ということを誰も語らないことだった。遠くの災いみたいに話をしている。

彼女は宮城県の出身です。東北は、自分が住んでいる場所なのに「東北」と呼ばれ、

「みちのく」（道の奥）と呼ばれてきた地域です。ずっと「中央」に兵力と労働力と食糧を供給するばかりだった「地方」です。震災をきっかけにこの地の歴史をあらためて辿るなかで山内さんが衝撃をもって気づいたのは次のようなことです。かつて冷害や干ばつでたえず飢饉の不安に苛まれてきたこの地方にあって、土に雨水がしみ込むことを自分の体が「福々しく」膨らむことと感じる、そうした土や海と人とのつながりを、魚や野菜や穀物と人とのつらなりを、この地の人びとがもっていたということです。そういう人たちであれば、土や海の汚染も「遠くの災い」ではなく、わが身の痛みとして感じたはずだというのです。

ここから、〈器〉という考え方のもつ、さらにもう一つの重要な意味が浮かび上がってきます。〈器〉はつねに何かによって充たされるのを待っているということです。芸術についていえば、先ほども少しふれましたが、絵画であれ、彫刻であれ、デザインであれ、演奏であれ、つねに「表現」ということが問題にされます。「表現」とは“expression”、この語を分解すれば、内にある何かを「外へ」と「押し出す」

ということです。「表現」行為に取り組んできたみなさんは、だから何を「表現」というかたちで押し出すかをずっと考えてこられたことと思います。けれども〈器〉という考え方は、これとは違います。〈器〉は何か別のものに充たされるのを待つからこそ、〈器〉なのです。

音楽の楽譜に、"Wie aus der Ferne"という指示表現があるそうです。"Wie aus der Ferne"とは《遠くからやってくるように》という意味です。『グレン・グールド孤独のアリア』（筑摩書房）という本を書いたミシェル・シュネデールによれば、この指示表現は、シューマンの〈ノヴェレッテ〉作品二十一の最終曲や〈ダヴィッド同盟舞曲集〉作品六の第十八曲、ヴェルクの〈ヴォツェック〉四一九—四二一小節などにあるそうです。シュネデールはその指示表現を、「音が遠くからやってくればくるほど、音は近くからわたしに触れる」というふうに解釈しています。そんな「驚くほどに音が遠くにある感じ」で生きつづけるものとして音楽を聴くのがわたしは好きだというのです。

はるか遠くからの音に耳を澄ます、そのことがまるで自分の内深くから響いてくるように感じられるところに音楽のほんとうの凄さがあるということなのでしょう。はるか遠くの生きものの声が生きものとしてのわたしを知らせる、はるか遠くの動物の声がわたしを動物としてのわたしに向きあわせるということなのでしょう。

いまいちど山内明美さんの言葉を引けば、彼女はこう書いていました。《放射能汚染の不安が日本社会を覆いはじめたとき、わたしがいちばんはじめに感じた違和感は、いま起きている土と海の汚染が、自分のからだの一部で起こっている、ということを誰も語らないことだった》と。そしてつづけて、土に雨水がしみ込むことを自分の体が「福々しく」膨らむことと感じられるような感受性をなんとか回復したいと言っていました。芸術的な資質とは、まさにそうしたものではないでしょうか。詩人がしばしば、言葉を探すのではなく、言葉が降りてくるのを待つという言い方をするのも、きっと同じことをさしているのだと思います。

今日、みなさんの旅立ちへの餞《はなむけ》の言葉としては、わたしの話はややもすればうねりすぎ、いちど聞いただけではわかりにくかったかもしれません。でも、みなさんにはどうか、芸術を人生の軸として生きるとは、独創的な表現の〈主体〉になることではなくて、社会の〈器〉になることだということを肝に銘じていただきたいと思い、あえて長々しい話をしました。

芸術の深い慈しみの光が、これからもずっとみなさんに向けても射しつづけることを祈りつつ、以上、わたしからの祝福の言葉とさせていただきます。

自分が取り組んでいる作業を、
その作業から一歩下がって、
世界の、歴史の、大きな地図のなかに
しかと位置づける

感動や違和感を一つの確かな表現へと転換する

2018年度　京都市立芸術大学卒業式　式辞

わたしは学部生のみなさんと同じく四年前、二〇一五年にこの大学に着任しました。着任したその翌日に、まずはみなさんの居場所、美術棟と音楽棟を訪ねました。みなさんの「応援団長」として活動を始めるに先だって、みなさんが研鑽するその姿にふれたかったからです。

音楽棟では、廊下で、ついつっかかるフレーズを何度も何度も練習する光景にふれました。美術棟では、キャンバスの前で悩む姿、描くよりもぼーっと壁を見つめたり、俯いて考え込んだりと、悩んでいる時間のほうがはるかに多いことに驚きました。そして五十年前の自分と同じだと思いました。

当時、わたしは哲学の文献と格闘していましたが、文中の一言一句おろそかにせず解読するその作業の過程で、テクストから目を離し、何度も何度もその論理の構造について、さらにはその論理と、わたしがじっさいに経験しまた見てきたものとの関係について、思いをめぐらせていました。

詩人の長田弘さんは鍵盤楽器について、《さまざまな色彩、微妙なニュアンスにみちみちた音の世界の物語を、黒と白、たった二つの色しかもたない鍵盤がつくりだす不思議》と書いています。ピアノのみならず楽譜もそうだし、デッサンやクロッキーもそう、そして何より文字の世界がそうです。書物も白い紙と黒い印字でできています。

が、それ以上に「同じ」なのは、作業の緻密さであり、正確さであり、それらを限界まで追究しようとする意志です。

二十歳の頃、わたしを哲学の研究へと引き入れてくれたメルロ＝ポンティという哲学者の『知覚の現象学』（みすず書房）という本のなかに、こんな言葉が記されています。

現象学はバルザックの作品、プルーストの作品、ヴァレリーの作品、あるいはセザンヌの作品とおなじように、不断の辛苦である――おなじ種類の注意と驚異とをもって、おなじような意識の厳密さをもって、世界や歴史の意味をその生まれいずる状態においてとらえようとするおなじ意志によって。

そう、芸術も哲学も、《おなじ種類の注意と驚異》と《おなじような意識の厳密さ》とをもって、《世界や歴史の意味をその生まれいずる状態においてとらえ》る、そういう探究の作業に取り組んでいるというのです。

着任二日目、ごく短い音一つも、画面の一点も、おそろかにせずその緻密な作業に取り組むみなさんの姿をまのあたりにして、わたしはあらためて自分の学問研究の襟を正したのでした。それに作品の搬入時や演奏直前のステージの袖でのみなさんの姿もふくめ、芸術制作のバックヤードを見られたのは、わたしにはとても新鮮な体験でした。ついでに申せば、将来がどうなるか、見通しが全然立たないまま、それでも探究をひたすらつづけたという意味では、二十歳のわたしもみなさんの同族でした。

さてここで一つ、強く留意しておきたいことがあります。ここでいう緻密さ、正確さが、技術的なそれに限られてしまってはならないということです。ちなみにこの点は、のちにもふれるように、技術を〈大学〉という場所で学ぶことの意味は何か、という問題にもかかわっています。

さて、芸術について考えるとき、わたしが折りにふれて読み返す文章があります。詩人の宮沢賢治が昭和の初め、一九二六年に書いたとされる「農民芸術概論綱要」です。ここには芸術という仕事についてとても大切なことが記されています。以下、二、三の箇所を引かせていただきます。

まず冒頭近くで賢治はこう書いています。

―― 世界がぜんたい幸福にならないうちは個人の幸福はあり得ない ――

とても有名な言葉ですのでみなさんもいちどは耳にしたことがあるかもしれません。賢治はここで、人はみな自己の悲しみのみならず他者の悲しみをも悲しむものだ。他人のみならず他の生き物、さらに宇宙の苦しみをも苦しむものだ。つまり苦しみを分かちあうという本来の意味での共感《シンパシー》が〈人〉の本性であるかぎり、「世界」が幸福でなければ一人ひとりの「わたし」も幸福ではありえないのだと言っています。だからこそ人びとの幸不幸にかかわる仕事、たとえば政治や宗教とともに、芸術も終わりのない探究だということになります。それにあたって留意しておくべきことを、賢治はこのあと順に確認してゆきます。

まず、《曾《か》ってわれらの師父たちは乏しいながら可成《かなり》楽しく生きていた／そこには芸術も宗教もあった》と書いています。

ここでは「楽しく」を「こころを弾ませて」と、少し大きくとらえておきたいのですが、芸術にはたしかに人のこころを弾ませるところがあります。人を慰めたり、励ましたり、こころの底に溜まった澱《おり》を洗い流したり、はたまた人をうっとりとさせたり。場合によっては逆に、人を驚かせたり、悲痛の淵に沈めたりもします。要するに、人と人とのあいだで、あるいは人と自然とのあいだで感じたささやかながらも深い感動を、あるいは時代の現状に対して内から立ち起こる微かな違和感、もしくは禍々しいまでの違和感を、一つの確かな表現へと転換してゆくのが芸術なのです。そういうかたちで人のこころを揺さぶり、震わせ、弾ませるのが芸術だということです。人はそういう弾みのなかで思いがけない可能性にふれる。だから「楽しい」、そして「楽しい」から気を取りなおしてまた前に進めるのです。

ただこの弾みはときに過剰になることがあります。たとえば歌が、絵が、人びとの気分をひどく煽り、高ぶらせて、意見を異にする人びとをみな敵視せんばかりに同胞を一つに結束させることが、歴史のなかでは何度もありました。とはいえ芸術は他方で、そういう濁流のような社会の勢いに対して、人びとの「抵抗」の最後のかたちともなりうるものです。

こういう魔力が、そしてこういう社会的な力があるからこそ、芸術には〈技術〉だけでなく〈批評〉が不可欠だと、賢治は考えました。芸術に技術は必須だけれども、技術だけでは足りないというのです。

次にあげる二つの言葉から、それはうかがえます。

《職業芸術家は一度亡《ほろ》びねばならぬ》というのが一つ。

もう一つは、《産者（創る人）は不断に内的批評を有《も》たねばならぬ》というものです。

まず、《職業芸術家は一度亡びねばならぬ》とは、自分を専門の世界の外へ、つまりは人びとの生活の現実のなかへといちど放ち、自分がしている作業の意味を外の眼に晒して確認しなおすということです。

これを裏返して言うと、芸術を職業とする人のみならず、だれもが芸術を、人として生きながらえるための〈わざ〉として身につける必要があるということです。というのも、人が大災害や事故など「想定外」の出来事に直面しても、とりあえずは手許にある素材でなんとか繕う、とりあえずありあわせの材料や道具を使って対処する、そういう手業《てわざ》、よくいわれる《ブリコラージュ》（器用仕事）に長けているのが、芸術だからです。それだけではありません。スロープや階段の手すりなど都市の装備を別の用途に使うスケボーのように、いざとなれば既存の装置を《ハック》する――割り込み、横取りする――そんな突拍子もない手を使うことすらできるのが、芸術だからです。そういう意味で、芸術はこれからの時代、人びとの〈教養〉もしくは〈コモンセンス〉のようなものになってゆくだろうということです。

次に、《産者（創る人）は不断に内的批評を有たねばならぬ》という文です。ここでは、「内的批評」と言われていることが重要です。これは「職業芸術家」として自分が取り組んでいる作業を、その作業から一歩下がって、世界の、歴史の、大きな地図のなかにしかと位置づけるということです。いいかえると、芸術といういとなみの始まりにたえず立ち返って、芸術の意味をその根元から問いつづけるということです。そういう眼を「創る人」それぞれがもつことです。そういう自己批評の眼を育むためにこそ、大学での学びはあったのです。

でもこの学びは、卒業したからといって終わるわけではありません。なぜなら、みなさんの個人的な傷や不安も、表現行為も、あくまで特定の時代のなかにあり、同時代のありようと切り離せないものだからです。いいかえると、それらはたんに個人のプライベートなことがらではないからです。最初に引いた賢治の言葉、《世界がぜんたい幸福にならないうちは個人の幸福はあり得ない》は、まさにそうした事態を意味しています。

これらを踏まえたうえで、賢治は《世界に対する大いなる希願》をまず持てと、呼びかけます。「希願」とは「ねがい」であり「いのり」です。この呼びかけが意味しているのは、辛い労働の日々にあって、人びとが（賢治の言葉でいう）《もっと明るく生き生きと生活をする道》を探究するのが、ほかならぬ芸術なのだということでしょう。

みなさんがこれからどういう場所で、どのような職業によって芸術にかかわりつづけるにしても、みなさんには芸術をつうじて、同じ時代を生きる人びとの歓びや悲しみ、苦しみに深く寄り添い、どんな苦境のなかでも希望の光を絶やさぬよう、力を尽くしていただきたいと、わたしは心から願っています。そのとき、この大学で練習に練習を重ね、準備に準備を重ね、寝食を忘れるまでに、芸術にとことん取り組んだ経験は、みなさんの身体にかならずや確かな記憶を残し、このあと大きな財産になるはずです。どうかそのような芸術の深い慈しみの光が、これからもずっとみなさんに向けても射しつづけますように。そうわたしは祈っています。

さて、みなさんと同様、わたしも今回が人生最後の卒業式となります。過去三回の卒業式では、笑わされまいぞと思いながら、美術学部生のとんでもない仮装にたまらず吹きだしたことがありました。泣かされまいぞと思いながら、会場から湧き起こった音楽学部生の不意の歌唱に涙をこぼしたこともありました。わたしにとって宝物のような思い出です。ありがとう。

ではみなさん、さようなら。また逢えるその日まで、どうかごきげんよう。

第二章

入学式の言葉

森のなかでいちど道に迷うこと、
方向喪失の状態に陥ることが、
じつは大学で学ぶことの意義なのです

わからないまま的確に問題に処するスキル

2008年度　大阪大学入学式　告辞

長い受験生活をやっと終えられたみなさんは、大学に入って、これまでできなかったような勉強や社会経験をしたいと、大きく胸を膨らませていらっしゃることでしょう。いずれにせよ、これからは世界がうんと広がる、そんな予感に包まれておられることと思います。

では、大学に入って世界が広がるというのは、いったいどういうことでしょうか。これまでしたくても思う存分できなかったことができる、まずはそう言うこともできるでしょう。けれども、これまでしたくても思う存分できなかったことをするというのは、かならずしも世界を広げることにつながるものではないということ、そのことをまずは心に留めておいていただきたいと思います。

一つの卓抜な比喩から始めたいと思います。それは青木淳という、わが国を代表する建築家のひとりが、その著書のなかで建築の本質を語るときに用いている比喩です。遊び場には二つの種類があると、この建築家は言います。「原っぱ」と「遊園地」です。遊園地というのは、そこですることがあらかじめ決まっている遊び場のことです。ジェットコースターからメリーゴーラウンドまで、遊園地にはさまざまな遊びのメニューがあります。それぞれのメニューはそれぞれ料金を払って楽しみます。ふだんできない体験ができて、ああ面白かったと満足します。それは、写真で見ていた建物をじっさいに見るのと同じで、想像どおりの体験を身をもって確認するか、あるいは想像していたよりちょっと面白かったと思える程度の世界の広がりでしかありません。

原っぱではどうでしょうか。原っぱ、あるいは都会ではビルの谷間の空き地であるかもしれませんが、そこには遊具は何一つ用意されていません。原っぱでは、ともかくそこへ行って、あたりをぶらぶらし、それから何をして遊ぶか決めます。もしそこに先にだれかがいれば、はじめは見て見ぬふりをしながらも、たとえば空き缶を蹴ったら、転がったそれを相手が蹴り返してきたというようなことがきっかけで、何かが始まります。そこでは、すべき特定の行為があらかじめ決まっているのではなく、逆にそこでおこなわれることが空間の中身を作っていきます。そればかりではない。行為の内容だけでなく、行為と行為をつなぐもの、具体的にはコミュニケーションのスタイルとか人と空間の関係それ自体がデザインされていきます。

原っぱに人を誘うのは、「なんかようわからんけど、おもしろそう」というぼんやりした感覚であり、それだけで人びとが集まってくる原っぱにはエネルギーが充満しています。ここではまだ何も形になっていません。だれかこれまでつきあったこともない人とこれまで自分独りでは思いつきすらしなかったことを開始する、そんなわくわくするようなカオス状の場が、原っぱなのです。大学という場所はそういう原っぱのような場所でなければならないと、わたしはかねがね思ってきました。

バーナード・ショーという作家の小説のなかにこんな言葉があります。"You have learnt something. That feels at first as if you had lost something." (何かを学びましたな。それははじめは何かを失ったような気がするものです)

大学には、みなさんの頭脳のなかにはまだ登録されていない膨大な知見やスキルがあります。その森のなかでいちど道に迷うこと、方向喪失 (disorientation) の状態に陥ることが、じつは大学で学ぶことの意義なのです。方位のわからない森のなかで、自分がこれまで知らなかったものを知り、そのなかで自分の「知る」あるいは「考える」といういとなみの軸となるものを揉み、組み換え、拡げ、そしてあらたに固めていくこと、そういう作業に大学ではじっくり取り組んでいただきたいのです。そしてその過程で、わたしの友人である哲学者、内田樹の言葉を借りれば、「なんだかまるで分からないけれど、凄そうなもの」と「言っていることは整合的なんだけれど、うさんくさいもの」とを直感的に識別する前-知性的な能力を、少しずつ身につけていっていただきたいのです。

なぜ、そんな方向喪失にいちど陥らないといけないのか。それは、みなさんにほんとうの意味で「賢い市民」になっていただきたいからです。

一人ひとりの人生は、あるいはわたしたちが住んでいるこの社会は、すぐに答えが見つかるような問題だけから成り立っているのではありません。一つの問いに複数の異なる解がある場合もあれば、そもそも答えがあるかどうかもわからない場合もあります。いやむしろ、答えがわからないまま、それでもたえず何らかの方向を選択していかなければならないのが現実世界というものです。たとえば、政治の領域では、不確定な状況のなかで不確定なまま迅速で的確な判断が求められます。地域のもめ事やケアの場面でも、あちら立てればこちら立たずといった、さまざまの意見の対立のなかで、何らかの決定をしなければなりません。自分の生き方について考えるときも、「生きることの意味」をはじめ、人生の最後になっても答えが出ないような問いだらけです。

要するに、人生において、そして社会において大事な問題は、答えがすぐに出ないものばかりなのです。ということは、すでにわかっていることよりも、わからないこと、見通しのきかないことに、わからないまま、見通しのきかないまま、どう的確に処するかの知恵やスキルのほうが、ほんとうは大事だということです。それがほんとうに身につけるべき知恵でありスキルであるということです。先ほど友人の言葉として引かせていただいた、「なんだかまるで分からないけれど、凄そうなもの」と「言っていることは整合的なんだけれど、うさんくさいもの」とを直感的に識別する前-知性的な能力とは、まさにそういうものなのです。

「教養」が身についているというのも、それと別のことではありません。教養があるというのは、ものごとの軽重をわきまえているということです。生きていくうえでなくてはならないもの、絶対に失ってはいけないものと、あってもいいけどなくてもいいものと、端的になくていいものと、そしてあってはならないもの、起こってはならないこと。これらの、言ってみれば価値の遠近法をわきまえているということです。

そういう遠近法のなかに、自分のしたいこと、自分がいましなければならないことをきちっとマッピングできるということなのです。

「賢い市民」というのは、そういうマップを携えて、「わたし」のみならずいまこの時代をともに生きる「わたしたち」が共通に直面していること、つまりはわたしたちの社会が抱え込んでいる問題、公共的な問題に的確に対処していける人のことです。不確かな状況のなかで不確かなまま的確な判断と決断ができる、そのための基盤となるのが、くり返し申せば「教養」というものなのです。

わたしが最初に「原っぱ」に出ようと申し上げたのも、これまた別のことではありません。いちど自分を何も決まっていない状態、不確定な状態に置いて、そこで一から思考の道筋をみずからつけていける力を養うこと、独力でそれを身につけることができなければ、意見を十分に交わし、ともに考えを進めることのできる他者とのネットワークをみずから紡ぎだせる力を身につけておくこと、大学という場所ではそういうトレーニングをまずはしていただきたいということなのです。

同じ枠のなかでのゲームや競争に
埋没していては、
ほんとうの科学革命につながるような
すばらしい研究は生まれない

ほんとうの科学は思いやりのあるもの

2009年度　大阪大学入学式　告辞

本日はまず、「わからないものの大切さ」ということからお話ししたいと思います。

わたしたちにとって何よりも重要なことは、自分以外の人びとどのように関係しながら生きるかということです。自分以外の人びとは、生まれたときから頼りあって暮らしている身近な人はもちろん、まだ会ったこともない地球上のさまざまな人びとでもあります。

そうした人びととのかかわりの平面はしかし、わたしたちにとってごく限られています。地球上で起こっているさまざまな出来事について、わたしたちは多くの場合、新聞やテレビの報道で知ります。まるで観客のようにしてそれにふれます。その人たちの運命と自分のそれとはあまりに遠く隔たっていて、それらが自分の毎日の生活とどうつながっているのかは、相当な知識と想像力がなければ理解できません。他方、毎日の生活のなかで絶対なおざりにできないのは、同僚や友だち、あるいは家族との関係です。ここでは相手の一言一言に深く傷ついたり、落ち込んだり、逆に強く励まされたりしています。

ここから抜け落ちているのは、よく〈中間世界〉と呼ばれているものです。自治体の市民としての生活、地域住民としての生活です。いいかえると、ふだんの生活の具体的な文脈となっている世界であり、ともに社会を動かす主体でありながらたがいに未知であるような人たちとのかかわりです。それこそ政治や経済が具体的に働きだしている世界です。

ところがそのような世界の仕組みは、さまざまな要因が複雑に絡まっていて、容易に見通せるものではありません、むしろわたしたちの現実はわからないものばかりで編まれていると言ってもいいほどです。

少し具体的にお話ししましょう。

たとえば政治、それは外交をとっても国内行政をとっても、不確定な要素に満ちています。政治は、状況が刻々と変わるなかで、きちんとした見通しもつかないまま、しかも即刻なんらかの決定をしなければならない、そんな判断が求められる世界です。すぐにも実行しなければならない施策が二つ、A、Bとあっても、Aを先にやるかBを先にやるかによって、ABそれぞれの施策の意味も実効性も大きく変わってしまいます。そんな不確定な状況のなかであいだを置かずもろもろの決定をしなければならないのが、政治的な判断というものです。

次に、場面を変えて、介護や看護といったケアのいとなみについて考えてみましょう。ケアの現場では、ケアを受ける当事者とその家族、さらにはケアに携わる人や介護スタッフ、医師や施設の管理運営を預かる者というふうに、それぞれの立場で判断はときに微妙に、ときに大きく異なります。そういう対立した思いが錯綜するなかで、いいかえると、だれの思いを通してもだれかに割り切れなさが残るそういう現場のなかで、それでもこの場合に何がいちばんいいケアなのかを考え、ケアの方針を立てねばなりません。ここでは、正解のないところでそれでも一つの解を選び取る、そういう思考が求められます。

さらに場面を変えて、芸術制作の現場を考えてみます。制作者は自分が何を表現したいのか、自分でもよくわかっていません。はじめは、表現しなければならないという衝迫だけがあるだけです。けれどもできあがった作品は、美術の場合ならここにはこの線、この色、音楽の場合ならここにはこの音、この和音しかありえないといった、必然性が隅々まで行き渡っています。ここでは、曖昧な事を割り切るのではなく、曖昧な感情を曖昧なまま正確に表現することが求められているわけです。

このように不確定なこと、わからないことが充満する世界、正解のない世界のなかで重要なことは、すぐにはわからない問題を手持ちのわかっている図式や枠に当てはめてわかった気にならないことです。わかっていることよりもわかっていないことをきちんと知ること、わからないけれどこれは大事ということを知ることが重要なのです。そしてそのうえで、わからないものにわからないまま的確に対応する術を磨いてゆかなければなりません。

じつは、みなさんが入ってこられた大学というところも、そのためにあります。大学では、これまで知りたいと思ってきたことを知るだけでなく、そんな問いが存在することを夢にだに思わなかった問いにふれること、これまでそんなものがあることさえ知らなかった「ものの見方、問い方、考え方」にふれることが何よりも大事なのです。

大学にはみなさんがおそらくはまだ知らないさまざまな知識が膨大に蓄積されています。宇宙についての、自然についての、社会や文化、そしてそれらの歴史についての知識です。その大学で、過去の思想ともういちど対話しなおしたり、自分とは異質な他者のものの見方、感じ方に学んだりしながら、自分の世界を広げてゆくこと、そしてこれまであたりまえのように見てきた世界をもっと別な視点から捉えなおすことで、世界を広げてゆくことが大学での勉学ではもっとも重要なことなのです。

そのために何をおいても鍛えておく必要があるのが、イマジネーション、つまり想像力というものです。イマジネーションというのは、ここにないもの、自分がよく知らないもの、これまで考えも及ばなかったものを想像する力のことです。

想像力というと、よく論理的な思考力と対比されます。感性的か、それとも知性的か、というふうにです。けれどもそのいずれも、いまここにはないもの、不在のものへと向かう心の動きとしてはひとしいものです。想像はファンタジー、つまり空想や夢想と同じではありません。眼の前にあるものを手がかりとして、眼の前に現れていない出来事や過程を想像すること、あるいはそれを論理的に突きつめてゆくこと、そういう不在のものへの心のたなびきこそが、ここでいう想像力のはたらきなのです。その意味では、科学にも政治にも、あるいは芸術や（他人への）思いやりにも、いきいきとした想像の力が不可欠だと言えます。が、いまの大学での研究を見ていると、そういう心のたなびきがだんだん短くなってきているような気がしてなりません。

科学研究をしているときに、たしかにまだ見えていないものに心を砕きます。けれども、その見えていないことは、多くの場合、特定の理論の枠組みのなかで未知のことにすぎないことが多いものです。たしかに未開拓の問題領域には敏感ですが、しかしその未知のことがらは、そういう理論の枠組みゆえに、あるいは枠組みのなかで、未知であるにすぎません。偉大な科学的発見というものは、その研究が立脚している枠組みというものをしばしば根底から揺るがし、それを無効にしてしまいます。ということは、既存の枠組みのなかでは問題としてすら見えにくいこと、枠組みのなかであまり価値を認められていない現象に対する感受性のほうが、科学研究においてはむしろ大切だということになります。同じ枠のなかでのゲームや競争に埋没していては、ほんとうの科学革命につながるようなすばらしい研究は生まれないのです。

大学においてそのような学問研究に携わることは、じつは、一市民として他の苦しんでいる人びとを思いやるということと別ではありません。自然や社会の出来事を、そうした出来事を引き起こしている見えない構造のほうから突きとめようという科学の姿勢と、自分では体験しようのない他人の心の内を思いやろうとする対人関係の態度とは、視点をいったん自分のことという場所から外して、出来事の側に、あるいは他人の側に置くという意味では、じつは同じ性質のものなのです。ほんとうの科学は思いやりのあるものであるはずだ、というのがわたしの信念です。そしてみなさんにはこのような科学の精神をこそ、大阪大学で身につけてもらいたい、そうして「社会からの厚い信頼」を寄せられる社会人・研究者となってこの大学を巣立って行っていただきたい……。わたしは心からそう願っています。

「見る前に跳べ」という言葉が
ありますが、わたしはみなさんに、
まずは「跳ぶ」ことを
お薦めしたいと思います

タフな知性に必要な「複眼」

２０１０年度　大阪大学入学式　告辞

みなさんはこれまでずっと勉学に励み、難関を突破して、晴れて今日、この大阪大学に入学されました。そしていま、大学ではこれをやりたい、あれもやりたいと、大きく胸を膨らませていらっしゃることでしょう。けれども逆に、そして学部新入生の方々はとくに、大学に入るには入ったけれど、これから何をしたらいいのかよくわからないと、少々不安を抱いている方もおられることでしょう。勉強は何からとりかかったらいいのか、慣れない土地でどんな生活が始まるのか、うまく友だちが見つかるだろうか、課外活動というのもいろいろありすぎて……というふうに、です。

「見る前に跳べ」という言葉がありますが、わたしはみなさんに、まずは「跳ぶ」ことをお薦めしたいと思います。じっさい、「やりたい」ことは大学にいるあいだに変わってしまうかもしれません。いや、どんどん変わっていけばいいのです。何がほんとうに自分がしたいことかは、やってみなければわからないからです。

この世界を見るわたしたちの視野というのはけっして広くありません。いつもここから、自分の立っている場所からしか、見られないという限界がまずあります。次に、自分が習ってきた知識や習慣の枠のなかでしか見られないという限界があります。加えてさらに、自分がなじんでいる言語のなかでしか考えられないという限界もあります。こういう世界は、リアルと言うにはまだまだ小さいものです。世界を的確に摑むには、そしてそこからさらに大きな夢を紡ぎだすためには、この小さな世界の襞をもっと大きく広げていかなくてはなりません。

学問というのはそのためにあります。世界についての視野を広げていくのです。視野を広げるというのは、すでに知っている知識を量的に拡大するということではありません。そうではなくて、これまでそんなものがあることさえ知らなかった「ものの見方、問い方、考え方」にふれるということなのです。

こうした考えから、大阪大学では専門教育と並んで教養教育というものを重視しています。それも、初年次のみならず、大学院での教養教育というものを重視しています。専門の研究をすればするほどより深い教養というものが必要になる、その理由について、まずお話ししておきたいと思います。

この科目の担当をしているコミュニケーションデザイン・センターで、以前、次のような授業がありました。ＢＳＥ問題、いわゆる狂牛病問題が起こり、米国産の牛肉の輸入停止を政府が決めたあと、しばらくして米国産の牛肉の輸入再開が問題になった頃のことです。全学の研究科から、専門を超えて大学院生がこのセミナーに参加しました。まず教員が「米国産の牛肉を輸入再開するためにはどのような条件を付したらよいか」という問題提起をし、それを受けて大学院生たちの長時間の議論が始まりました。ＢＳＥ問題はこれまでに知られていなかった問題ですから、それについての専門家はいませんでしたが、それに近い医学・生物学系の大学院生からＢＳＥの原因についての病理学的な発言があり、それに対して同じ研究科の院生から異論も出ました。そういう議論の応酬にしばらく耳を傾けていた政治学・経済学系の院生はその両者に噛みつきました。米国産牛肉の輸入再開を論じるにあたっては、そんな原因論よりさらに重要なのは、日米の外交関係であり、貿易上の駆け引きである。そういう政治力学のなかでこの問題を考えないと結論は出ないと主張しました。するとこんどは歴史学や文化人類学を専攻している院生たちから、そもそもＢＳＥ問題の根底には、人間が他の動物を飼育しそこから食肉を得るという食文化のあり方、大量の食肉を得るためにこれまた大量の穀物を動物に与え、ひいては肉骨粉という人工肥料を与えて、動物自身にカニバリズムを強いる、そのような人類の牧畜文明のあり方自体を問うべきだと主張しました。ＢＳＥ問題は病理学でも政治・経済論でもなく、さらにスコープを拡げて文明論の問題として論じないと、問題のほんとうの所在は見えてこないし、深まりもしないと言ったのです。この意見に対しては、そこまで問題を拡げると「輸入再開の是非」という目下の問題は先送りされるだけで、答えは出せなくなるとの反論も相次ぎました。こうして議論はどんどん厚みを帯びてゆきました。

その日、そのセミナーがどういう閉じ方をしたのかわたしは知りませんが、そしてこの問題はたんなる一例にすぎませんが、大学という場所で重要なことは、このように関心がそれぞれに異なる者たちがそれぞれの問題把握のコンテクストをぶつけあい、摺り合わせるというところにあります。ではなぜ、そのような複数のコンテクストの摺り合わせということが重要になってくるのでしょうか。

環境問題であれ、金融問題であれ、さらには医療や労働の問題、食品流通の問題であれ、いわゆるグローバル化が進行し、どのような局地的な問題にも世界システムの複雑な諸契機が絡まりあってくる時代には、国内問題であってもそこには国家を超えた政治・経済・文化の諸契機が見えない仕方で深く介入してきており、一つのコンテクストから、いいかえると単一の視点からその構造を見透かせるような問題はこの時代にはほとんどないと言っていいからです。このように複雑な諸契機が錯綜していてすぐには解決への道筋が見えないような問題と取り組むには、したがって相当にタフな知性が求められます。無呼吸のままずっと潜水をつづけるようなタフさがわたしたちの知性には求められるのです。

知性のこのタフさに必要なのは、何よりもまず〈複眼〉を身につけるということです。一つの問題をさまざまの方向から照射し、問題を立体的に浮き彫りにしてゆける能力です。多くの学問が古来磨いてきたそれぞれに異なる問題設定の仕方を知っておくこと、あるいは異文化に学ぶこと、歴史に学ぶことも、「いま」自分の立っている「ここ」とは違う別の場所から、「いま」と「ここ」を見つめなおすことにつながります。そのような〈複眼〉のなかでこそ、世界はある奥行きをもって浮かび上がってくるのです。

そして世界をこの奥行きに沿って見つめることができること、それがじつは「教養」があるということなのです。みなさんが入ってこられた大学というところも、そのためにあります。大学にはみなさんがおそらくはまだ知らないさまざまな知識が膨大に蓄積されています。宇宙についての、自然についての、社会や文化、そしてそれらの歴史についての知識です。その大学で、過去の思想ともういちど対話しなおしたり、自分とは異質な他者のものの見方、感じ方に学んだりしながら、自分の世界を広げてゆくこと、そしてこれまであたりまえのように見てきた世界をもっと別な視点から捉えなおすことで、世界を広げてゆくことが大学での勉学ではもっとも重要なことなのです。先ほども言いましたが、大学では、これまで知りたいと思ってきたことを知るだけでなく、そんな問いが存在することを夢にだに思わなかった問いにふれること、これまでそんなものがあることさえ知らなかった「ものの見方、問い方、考え方」にふれることが何よりも大事なのです。

そういう勉学のなかでこそ、「教養」のもっとも重要なはたらき、つまり、「価値の遠近法」を身につけることが可能になります。「価値の遠近法」とは、なくてはならないもの、絶対に見失ってはならないものと、あってもよいけどなくてもよいものと、端的になくてよいもの、そして最後に絶対にあってはならないこと。この四つを、どんな状況にあってもそのつど区分けできるということです。

不確定なこと、わからないことが充満する世界、正解のない世界のなかで重要なことは、すぐにはわからない問題を手持ちの、わかっている図式や枠に当てはめてわかった気にならないことです。わかっていることよりもわかっていないことをきちんと知ること、わからないけれどこれは大事ということを知ることが重要なのです。別の言い方をするならば、思考にためをつくること。つまり、メディアが流す情報を鵜呑みにするのではなく、またそこで煽られる「世論」という名の感情（popular sentiments）に流されたり、それに感情的に反応したりするのでもなく、〈複眼〉で世界を見、ああでもない、こうでもないと根気よく考えつづけ、他の眼をもった人とも議論しながら、「輿論《よろん》」という名の公論（public opinion）というものの形成に加わってゆけるということが、「教養」があるということなのです。

人間性と人文学的教養、この二つを英語では“humanity”そして“humanities”と、同じ言葉で表現します。単数と複数の違いがあるだけです。世界のあちらこちらで生活している人びとのローカルな諸問題が、国境を越えて否応なく世界各地で発生している諸問題にじつは見えない形で絡まっているようなこのグローバル化の時代にこそ、わたしたちは民族や国民を超えた「人間性」というものについて、そしてさらには「地球」(globe) というよりもむしろ「世界」(world) について学び、考え、語りだす必要があります。

「人間性」について、そして「世界」について語りだすときのその杖になるのが「教養」です。そしてその教養に栄養を提供しつづけてきたのが基礎科学といわれるものです。そういう意味では、大学で専門を究めることと教養を磨くこととは別のことではありません。みなさんには、大学でさまざまの基礎科学を学び、眼から鱗が落ちるような経験をたっぷりしていただきたいと思っています。

大阪大学は六年前の国立大学法人化以後、以上のような意味での深い「教養」を備えた人のことを“a man of good sense”と呼び、そういうグッド・センスを持ち合わせた卒業生を送りだせるような教育に力を入れてきました。ここでいうグッド・センスのセンスとは「感覚」や「感受性」(sensibility)のみを意味するのではありません。英語で「コモン・センス」(常識)といわれるときのセンス、つまり日本語の「見識」にあたるもの、さらにフランス語で「ボン・サンス」(良識)といわれるときのサンス、つまり日本語の「理性」や「判断力」にあたるものを含みます。そういうグッド・センスを持ち合わせるがゆえに「あいつは信用できる」「あいつにまかせておけば大丈夫」と世間から言ってもらえる人、つまりは社会から厚い信頼を寄せられる人を育て、送りだそうと、大阪大学はこれまで教養教育に力を入れてきました。

このグッド・センスを、前総長の宮原秀夫先生は常日頃、「賢くあれ、みっともないことはするな」と表現されていました。さらに歴史を遡れば、その「賢くあること」「みっともないことはしないこと」を、十八世紀、十九世紀の大坂の町人はいまよりもいっそう強く心がけていました。いまから二八六年前に、五同志と呼ばれる五人の商人たちが資金を募り、学者を招いて、町人みずからのために創った「懐徳堂」という学問所がそのための場所であり、天保年間の一八三八年に開かれ、のちに福澤諭吉をはじめとして明治期の日本国家を担うことになる人材を数多く輩出した「適塾」という私塾もまたそうした場所でした。わたしが今日申し上げたあの「教養」を身につけ、磨いていくために大坂の町人が創ったこの二つの学問所を、大阪大学はその精神的な源流としております。「賢くあること」「みっともないことはしないこと」、その精神を、大阪大学がみなさんとともにしっかり受け継いでいきたいと強く念じていることを、この入学式においてみなさんに確かに伝えておきます。

大量生産・大量消費による
「豊かな社会」とは別のあり方を
構想していかなければならない、
そういう世代として
あなたがたはいます

他者を他者のほうから理解しようとする想像力

２０１１年度　大阪大学入学式　告辞

入学あるいは進学の準備をするなかで、みなさんも、そしてみなさんを迎えるわたしたちも、ともに東北の地を襲った途方もなく大きな災害に直面しました。桜はいつもの春のように美しく、のどかに花を開いていますが、わたしたちの心は、被害のさらなる拡大に、まだ固く緊張したままです。

被災地では、家族の安否が未だ確認できていない方々がおられます。深い喪失感のなかで、それでも家族や仲間とともに生き延びるために、温かい食べ物と移動のための燃料と、最低限のあたりまえの生活ができる空間とを緊急に必要としている人たちがいます。その支援のために、昼夜身を砕いている人たちがいます。原子力発電所のある地域では、被害をこれ以上拡大しないために、すでに長い期間、きわめて危険な作業にあたりつづけている方々がおられます。そのほかにも、先が見えないまま、まずは身を支えるため、他の人たちを支えるために奮闘している無数の方々がおられます。

被災地から遠く離れた地域では、被災地から届けられる情報に、ときにうろたえもしながら、固唾《かたず》を呑んで耳をそばだてるという状態がつづいています。遠隔地から物資を、義援金を現地へ送るだけでなく、一時も早く、どんなことでもいい、被災地へこの自分にできることをしに行きたいと、じりじりしている若者がたくさんいます。復興への道は途方もなく長いです。そのために、復興をどのような方針のなかで進めるべきかについて、被災された方々の身になって、あるいはここまで被害を大きくしてしまったこの国のあり方について、根本のところから考えなおそうと、動きだしている人もいます。

そしてなにより、ここに集われたみなさんのなかには、彼の地にあって被災し、いまもご家族が同朋の救援や復旧の作業にあたっておられ、故郷のことがおそらくは一時も頭を離れないまま、ひとり遠く離れたこの西の地で新しい生活を始められた人がいます。またこのなかには、これを機に、かつて幼児のときに体験した阪神淡路大地震での被災の悲しい記憶が断続的に蘇り、それがやがて度を増し、辛い思いをしている人もきっとおられるでしょう。それぞれの場所で、それぞれの人が、つらい春、厳しい春を迎えています。

そういうつらいとき、厳しいときに、みなさんは大学に入ってこられました。さらに遡って言うならば、みなさんは、明治期以降一二〇年ほど経って、この国で初めて、右肩上がりの経済ベクトルが折れ曲がり、長期的な不況の時期に入った時代に生まれ、育たれました。「明日はきっと今日よりよくなる」という経験をいちどもしたことがない世代の出現です。就職難という実情、あるいは将来の福祉社会のあり方などに思いをめぐらせ、むしろ「明日は今日よりもっとひどくなるかもしれない」という潜在的な予感をこそ共有しているといっても過言ではありません。そういう社会感覚をもちながら、これまでの社会を牽引してきたいわゆる「成長」という物語、大量生産・大量消費による「豊かな社会」の構築というのとは別の物語を紡ぎだしつつ、それに沿って来るべき社会のあり方を構想していかなければならない、そういう世代としてあなたがたはいます。

このたびの震災以前からも、少なからぬ人たちが、わたしたちの社会のそういう課題に立ち向かいはじめていました。東日本におけるこのたびの震災は、その復興過程で、いま求められているこうした社会の変化に一気に棹《さお》さすことになるでしょう。日々の生存の奥底に溜まっている社会感覚についていえば、これまで社会を牽引してきた人たちとこれからそれを牽引していくであろう人たちとのあいだにはおそらく想像以上に大きな落差があるでしょうが、ともに抱えている課題は同じです。あらゆる世代が力を合わせてこの変化に確実に対応しなければなりません。

「幸福な生活」とは何か。だれもがいきいきと暮らせ、だれもが満ち足りた思いのなかで穏やかに死んでいける社会とは、いったいどのようなものか。社会のグラウンドデザインを描きかえるにあたっては、この問いが根底になければなりません。これを基礎として、あるべき社会を構想しなければなりません。なぜでしょうか？

人間の行為はみな幸福をめざしているという点については、だれにも異論はないと思います。が、いざこの幸福が何であるかということになると、意見はばらばらに分かれます。快楽だ、名誉だ、富だ、というふうにです。けれども、快楽や名誉や富、さらにはそれらを手に入れるための知恵や技能は、幸福になるためには望ましいものですが、その逆はありえません。つまり、快楽や名誉や富、知恵や技能を手に入れるために幸福になるということはありえないことです。そういう意味で、アリストテレスは幸福を「自足した善」と呼びました。「いかなる場合にもけっして他のもののために追及されることのないもの」「つねにそれ自体として望ましく、けっして他のもののゆえに望ましくあることのないようなもの」、それが幸福であるとしました。

「幸福とは何か？」この問いは、逆説的にも、得たものの大きさではなく、失ったものの大きさに比例して深まっていきます。あるいは、他者が失ったものへの想像力の密度に比例して、深まっていきます。

そういう意味で、みなさんにいつも持ち合わせてほしいのは、この《他者への想像力》です。明治期の終わり、一九一一年に大阪毎日新聞慈善団が発足した折り、当時の毎日新聞社長であった本山彦一さんが語ったこんな言葉を思い出します。「一本の指のうずきは、同時に、全身の苦痛である。社会の一隅に、生活に疲れ、病に苦しむ者の存することは、すなわち、社会全体の悩みでなければならない」と、本山さんは人びとに語りかけました。《他者への想像力》とは、ふつう思いやりと言われますが、要するに他者を他者のほうから理解しようとすることです。その意味では、想像力とは、自分が抱いているイメージをさらに拡げることではなく、自分をここではなく別の場所から見る力のことだと言うべきです。

そのように考えると、他者への思いやりは、みなさんがこれから取り組むことになる学問や科学のいとなみと、じつは底を通じていることがわかります。

大学において真理の探究という仕事に就くことと、一市民として他の苦しんでいる人びとを思いやるということとは、想像力のいとなみであるという点で、異なる二つのことではないのです。想像力とは、いまここにないもの、不在のものへと向かう心の動きのことです。まず、思いやりとは、自分では体験しようのない他人の心の内を想像するいとなみです。次に、科学研究とは、眼の前で起こっている出来事がどんな見えない規則や構造によってそのように起こっているかを論理的に突きつめる作業のことです。そして宗教もまた、この世をここではなく、向こう側（あの世という〈外〉）から捉えなおそうとするいとなみであると言えるでしょう。それに、見えないけれど大事なものをキャッチし、形を与える芸術、さらには空想やファンタジーまで含めると、想像力とはわたしたちの文化をかたちづくるもっとも基礎的な力であることが見えてきます。

自然や社会の出来事を、そうした出来事を引き起こしている見えない構造のほうから突きとめようという科学研究の姿勢と、自分では体験しようのない他人の心の内を思いやろうとする対人関係の態度とは、このように、視点をいったん自分のことという場所から外して、出来事の側に、あるいは他者の側に置くという意味では、じつは同じ性質のものなのです。そしてその意味で、ほんとうの科学は思いやりのあるものであるはずなのです。

みなさんにはこれから、このような科学の精神をこそ身につけ、人びとから「厚い信頼」を寄せられる社会人・研究者となっていただきたいと、わたしは強く願っています。

さて、大阪大学は今年、創立八十周年の記念すべき年を迎えます。この創立記念行事の精神を、わたしたちは「原点へ、未来へ」と名づけました。大阪大学の原点、それは何かと言いますと、十八世紀、十九世紀の江戸期に大坂の町に開かれた民間の二つの私塾、「懐徳堂」と「適塾」のことです。大阪大学は一九三一年に医学部と理学部からなる国内で第六番目の帝国大学として創立されました。が、京都という近くにすでに帝国大学が設置されていたので、国はさらなる設置に積極的ではなく、大阪の自治体や民間人が強く設置の嘆願をし、さらに創立の準備金や当座の運営資金を民間でもつということで設置が認められました。これが、大阪大学が国立大学としてはめずらしく（各藩の）藩校ではなく、民間の私塾を源流としている理由です。

懐徳堂は、一七二四年、享保九年に、大坂の五人の商人によって設立された学問所です。民間人のセルフ・ラーニングのための学校で、いったん学舎に入れば武士も番頭も丁稚《でっち》も同列の扱いがなされました。授業料は年五回、銀一匁《もんめ》もしくは二匁、金がなければ筆一対、紙一折でもよいというふうに、町人の懐事情に応じて設定されていました。ここで町人たちが学んだのは、けっして日頃の仕事に役立つ経営学のようなものではなく、もっとも基礎的な科学であり、中国の古典に依拠した道徳の基本というものでした。商業の基本は「信用」にあり、「信用」の根拠をしっかり摑むために、ものの道理とひとの倫理を学ぼうとしたのです。

適塾は、一八三八年、天保九年に、ひとりの医学者、緒方洪庵によって開かれました。幕府教学の総本山ともいうべき昌平黌《しょうへいこう》とそれに連なる藩校とはまったく異なる私塾としてです。この適塾は、明治の言論人、福澤諭吉や、日本近代の軍隊制度を確立した大村益次郎、日本赤十字を創設した佐野常民、そのほか日本の殖産興業を牽引した大鳥圭介ら、明治期の日本のリーダーたちを数多く輩出しました。緒方洪庵自身も、のちに江戸幕府奥医師ならびに西洋学問所頭取を務め、その地で亡くなりましたが、明治に入り、これを基盤に東京大学医学部の前身である東京医学校が設立されました。

また、適塾の塾頭であった福澤諭吉が江戸に開いた洋学塾が、のちに慶應義塾に発展します。そして大阪大学医学部は、適塾を基盤として創設された府立大阪医学校の流れを汲んでいます。その意味で、適塾は、わが国において制度化された近代的な大学と医学部の源流でもあったのです。

福澤諭吉が描いている適塾の生活の一端を紹介しますと、福澤の描く適塾生の気概とは、次のようなものでした。


（われらが適塾生は）前途自分の身体はどうなるであろうかと考えたこともなければ、名を求める気もない。〔…〕ただ昼夜苦しんでむつかしい原書を読んで面白

がっているようなもので、実の訳のわからぬ身の有様とは申しながら、一歩進めて当時の書生の心の底を叩いてみれば、おのずから楽しみがある。これを一言すれば――西洋日進の書を読むことは日本国中の人にできないことだ、自分たちの仲間に限ってこんなことができる、貧乏をしても難渋をしても、粗衣粗食、一見見る影もない貧書生でありながら、知力思想の活発高尚なることは王侯貴人も眼下に見下すという気位で、ただむつかしければ面白い、苦中有楽、苦即楽という境遇であったと思われる。〔…〕とにかく当時緒方の書生は、十中の七、八、目的なしに苦学した者であるが、その目的のなかったのが却って仕合わせで、江戸の書生よりも能く勉強ができたのであろう。それから考えてみると、今日の書生にしても余り学問を勉強すると同時に始終我が身の行く先ばかり考えているようでは、修業はできなかろうと思う。

（『福翁自伝』）

「目的なしに苦学する」ということ、ここに誇りがあり、また適塾の教育の固有性があります。明日のニーズに応えるための学問ではなく、「我が身の行く先ばかり考える」勉学でもなく、明後日の未だ見えぬ社会を建設するためにいま力をたっぷり蓄えておく、そんな大きな気概が適塾の若者たちには満ちていました。そんな塾生は、もちろん地方に帰って医学者、医療従事者になった者も数多くいましたが、それ以上に数多くが、明治期日本社会のリーダーに育っていきました。適塾ではオランダ語と医学の二科目しか教えませんでしたが、一見今日、明日に必要なことを教えるかに見えるこの二科目をつうじて、なぜこれらの優れた人材を生みだすことができたのか、その教育のあり方に大阪大学はいまも多くを学ぼうとしています。その秘密は、直近のニーズに振り回されることなく、この世界を、いま立っているのとは別の場所から見ることのできる、そのような眼を養うところにあり、そのことをつうじて自分自身をおおらかに、のびやかに開いてゆくことにあったと考えています。

かつて旧制高校には、将来、医者になったり、法律家になったり、エンジニアになったり、外国文学者になったりする人たちが机を並べ、起居をともにして、同じような書物を読み、共通の論題について議論を交わすというシステムがありました。ある年配の経済人は、このネットワークが大事で、じっさい「『この仕事はあいつに頼もう』『これについてはあいつが詳しい』というネットワークがしぶとく生きていて、『だれに頼めばいいかを知っていた』。これはきわめて精度の高い情報だった」と、わたしに語ってくださったことがあります。みなさんの眼は、こうした関心を異にする友人たちとの交友のなかでも磨かれるのです。

大学では自分の関心、自分の専門領域とは異なる領域の人と交わり、この世界、この社会、そして自分自身を見る確かな眼を育ててもらいたいと思います。そして「あいつは頼れる、信用できる」と言われるような、ほんとうのプロへと育っていってもらいたいと思います。

自分がこれまで育んできた
個性らしきものに閉じこもるな
大切なものだけれど、
それは小さすぎる

社会の現場に想像力を届ける

２０１５年度　京都市立芸術大学入学式　式辞

四月は花の季節です。新たな人生のステージに立つ人びとをまるで祝福するかのように、花があちこちで開いています。花が気前よく吹雪いています。

人類は太古から花を愛でてきました。お祝い、お見舞い、弔いといった、人の生老病死にかかわる行事にも花がいつも添えられてきました。人類最古の埋葬の痕跡はすでにおよそ十万年前のものが確認されていますが、旧人と呼ばれるネアンデルタール人の五、六万年前の墓には、洞窟で咲くはずのない花々の大量の花粉が見つかっており、花が手向けられた最古の例とみなすことができると言われています。これには異論もあるそうですが、現生人類としては、およそ一万二千年前にイスラエル北部の洞窟で見つかった埋葬の遺跡が、死者に花を手向けた最古の例となります。遺体の下に、脇に、サルビア属、シソ科やゴマノハグサ科などの花が、まるでベッドのように敷き詰められていたことが窺えます。こうして人は、悲しみと弔いの気持ちに美しい形を与え、そのことで心を整えてきました。

あるいは歌。農作業や粉ひき、洗い物、繕い物といった日々の労働のなかでも、その単調な作業にリズムを刻み、勢いづけようと作業歌が歌われました。祭りには音頭が、愛の告白には相聞歌《そうもんか》が、子どもの養育には子守歌がつきものでした。そういう歌とともに、人びとは心を奮い立たせたり、慰めたりしてきました。

このように芸術の原型は、たんなる飾り物ではなく、人の生老病死、労働、愛の交換、子育て……と、人としてどれ一つ欠くことのできないことがらに、深くかかわるものでした。人としての活動に深くいのちを吹き込むものとしてありました。そういう意味では、芸術は、ずっと人類とともにあった、国家の歴史よりもはるかに古いいとなみだと言えます。そして、この、連綿としてつづく《人類史的》ないとなみに、みなさんもこれから本格的に加わることになります。

芸術は、微かな異変に、あるいは動物の足跡のような些細な痕跡に高い感度で反応する狩猟民族のセンサーに、あるいは身体をとおして宇宙のリズムに深く感応する巫女のセンサーにまで遠くつながる、人類文化の根幹となる活動です。それはまた、これまで連綿と受け継がれてきた人びとの感受性やふるまいの意味を一つ一つ再発見し、さらにそれらを洗練させてゆくとともに、淀みかけた文化に新しい刺戟《しげき》をあたえ、それを刷新してゆく、文化の駆動力の源泉の一つでもあります。

そういう継承と創造をつうじて、芸術はいつも、文化が生まれいずるその場面に居合わせようとします。だからどれほど修練を積んだとしても、いつも初心者の心持ちから離れることはできません。アーティストは、制作の渦中でつねに「アートとは何か」「創造とは何か」と問いつづけています。その点では哲学の思考によく似ています。

芸術は人の感性や想像力を豊かにするものだと、よく言われます。言葉にならないものを表現するとも言われます。けれども、「悲しみ」という語が悲しみの感情に似ていないように、言葉もまたわたしたちのもつれた思いや体験に新たな形を与えるものです。そういう意味では、言葉も大切にしてほしいと思います。ただし、できあいの言葉を器用に使えることが大事なのではありません。それよりも、言葉の立ち上がるその瞬間を注視してほしい。意味が、形が、生まれる瞬間を、です。

やなぎみわさんというアーティストがいます。本学の染織科を卒業し、そのあとオブジェ、写真、演劇とその作家活動を広げてきて、美術家として世界的に活躍しておられる方です。その彼女が以前、こう語っておられました。

「経験から学ぶことは大切です。でもそれでは小さすぎるんです」

みなさんは難関を突破してこの芸大に入ってこられたのですから、すでにある技を身につけ、個性的なセンスやスタイルをいくぶんかはもっておられることでしょう。それをさらに磨くために入学されたわけですが、やなぎさんが言おうとされているのは、自分がこれまで育んできた個性らしきものに閉じこもるな、ということです。それは大切なものだけれど、それは小さすぎるということです。

そのために、芸術を志すみなさんには、一見、芸術とは無関係に見えるような本もたくさん読んでもらいたいと思います。複雑な問題の起こっている社会のさまざまな現場にもできるかぎり居合わせてほしいと思います。人のみならず生きものの生死から細胞の蠢《うごめ》きまで、さまざまな〈いのち〉の現場に、そして地域での生活から同時代のグローバルな政治・経済まで、さまざまな〈社会〉の現場に、いつも感度の高いアンテナを張り、想像力を届けていてほしいと思います。美術館やギャラリー、コンサートホールだけがあなたがたの活動の場所ではありません。芸術が《人類史的》ないとなみであるということは、それがどんな時代にあっても人びとの暮らしの根底で疼きつづけているということだからです。

芸術をつうじて、同じ時代を生きる人びとの歓びや悲しみに深くかかわるということ、そしてどんな苦境のなかでも希望の光を絶やさないこと、そういう使命もアーティストにはあります。そういう使命の大きさ、重さにあらためて心を震わせながら、学習に取り組んでいただければと願っています。

京都という、芸術文化の歴史的遺産に恵まれたまちで学ぶことにはとても大きな意味があります。先に、芸術は《人類史的》ないとなみだと言いましたが、文化遺産の数多くあるまちで学ぶことは、いまあなたがたが生きているこの時代を見るそのまなざしを、はるかに大きなタイムスケールへと拡げてくれます。また、このまちには、至るところに職人さんたちの技芸がいまも息づいています。その技、その材料や道具の工夫から学ぶ機会にとても恵まれているのです。

京都は文化芸術都市と言われます。それは歴史的文化遺産が多いだけでなく、産業や宗教、観光、教育、地域での暮らしなど、市民の日々のさまざまの重要な活動に、芸術が横串のように挿し込まれているからです。制作や演奏をつうじて、このまちに活気を与えるのも、大学のみならず、まちに育てられるあなたがたの大切な「お返し」となるはずです。

来週からいよいよ授業が始まります。これからの本学での学びがみなさん一人ひとりの未来にとってかけがえのないものとなることを願いつつ、みなさんへのわたしからのお祝いの言葉といたします。

困ったら、教えてもらう、
手伝ってもらうということが、
あたりまえのようにできる空気こそ、
社会にもっとも必要なものでもある

アートは人びとをつなぐ生存の技法

2016年度　京都市立芸術大学入学式　式辞

みなさんはこの大学への入学資格を問うたいへん難しい試験に合格して、いま、この晴れやかな場におられます。本学の入学試験は他の芸術系大学と較べてきわだった特徴があることはみなさん、ご存じのとおりです。美術学部では、理系をも含めた学科試験の比重が実技と同じくらいに重視されています。音楽学部では、学科試験に加え、さらに専攻の楽器の他にピアノや声楽の試験が課されます。なぜでしょうか。

それは、美術であれ音楽であれ、それを学ぶ人に、たんに専門の表現技術を磨くだけでなく、この時代にあって「表現する」ことの意味を問い、さらにはその歴史的な経緯を意識した活動をしてもらいたいという思いがあるからです。つまり、みなさんに確かな社会意識をもった表現者になってもらいたいと、強く願っているからです。

この三月、先の東日本大震災から五年が経ちました。このたびの震災からの復旧・復興にあたって一つ、注目すべき動きがありました。それは芸術にかかわる人たちが数多く支援に駆けつけたことです。そしていまも数多くのアーティストたちが被災地のあちこちで復興事業、再生プロジェクトに参加しつづけています。

もちろん、被災状況を目にして、居ても立ってもいられなかったという思いがまずあったことは確かです。が、それとともにもう一つ、五年経過して思うのは、わたしたちの生活基盤が根こそぎにされたとき、それをもういちどゼロから立ち上げるときに、芸術がどのような場所、どのような位相から立ち上がるものなのかを、みずからの眼で確かめたいという思いもまた強くあったように思います。

亡くなった人を深い悲しみのなかで弔うなかに、花を手向けるという行為がありました。口ごもるような低い弔いの歌もありました。散乱した思い出の写真を一枚一枚、丹念に洗う行為もありました。そして、避難所生活がつづいているあいだからもう、流された元の場所に出かけて行って七夕の祭りの準備をする人びとの姿がありました。みなが協力して、瓦礫《がれき》を袋詰めし一箇所に積み上げるときに、若いアーティストがそれをピラミッドなどの形に積み上げるのを見て、寒空の下で思わず顔をほころばせた被災地の人の姿がありました。

すべてが壊れたあと、それでも人びとが生き延びようとして、その場所で最初に立ち上げるものは何か？　それをしかと見届けるなかで、アーティストたちは、美術館やギャラリー、あるいはコンサートホールに象徴される現在の芸術の制度と、それに枠取られた表現の行為を、あらためて芸術の原点からを問いなおそうとしたのです。たとえば美術。その「表現」という行為はイメージやオブジェとしての作品を創ることなのでしょうか。美術は作品の制作に限られぬもっと大きな意味をもっているのではないでしょうか？

この冬、わたしにとっては忘れられない「事件」がこの大学でありました。ある日、わたしは「学長室をだれでも入れる部屋にしたいな、みんなの交差点になればいいな」と、まわりの人におそるおそる口にしました。そうすると、それが知らないあいだにだれやかれやに伝わって、壁面に巨大なフレスコ画が描きはじめられ、斜めに立てかける手作りのコートハンガーが持ち込まれ、ドアを解体してたっぷりのぞき窓のあるものに取り替えられました。わたしの机も、教室から運んできた学習机を二つ並べ、その上にきれいに磨いた白木一枚を載せたものに変わっていました。椅子も当然、教室で学生たちが座るあの椅子です。とくにだれかが指示するわけでもなく、油画、彫刻、プロダクトデザインの先生や学生たちが入り交じってどんどん作業を進め、およそ三ヶ月かけて模様替えが完了したのです。みなさんにもいちどぜひ見に来ていただきたい、とても開放的な部屋になりました。

ここに、この大学の独特の気風が現われています。美術学部の小山田徹先生が、それをこんなふうに言っておられます。「スキルとよばれるものは、隣の芝生に行って発揮されなきゃじつはだめなんじゃないか」、と。もう少し詳しく言うと、「アーティストがアーティストとしてアートの分野で何かをするのは基本的にあたりまえ」、違う言語に「翻訳」され「活用」されてはじめてそれはスキルとなる。アーティストとはだから「隣の芝生に行けるパスポートをもっている人」のことなのだ、というのです。そういう精神がこの大学の教育のなかに漲《みなぎ》っています。じっさい、学長室の模替えの際も、通りかかった教職員や学生が「何してるの？」というふうにのぞき込み、ついでにちょこっと手伝ってゆくのでした。

この大学には、「ちょっと助けて」と声を上げれば、だれかがすぐに駆けつけてくれるような、言ってみれば温い気風があります。困ったら、教えてもらう、貸してもらう、直してもらう、手伝ってもらうということが、何の遠慮もなくあたりまえのようにできる空気です。この空気こそ、ここでは自分は見棄てられていない、孤立してないという安心感を与えてくれるものです。そしてこれは、わたしたちの社会にもっとも必要なものでもあるのです。この技こそ、物づくりの技以上に大切なものではないかと、わたしは思うのです。

人は苦しいときには、世界に触れる感覚の表面を減らして、自分だけの狭い環境を作ってそこに閉じこもろうとします。アートはしかし、そういう世界への違和感を大事にしながらも、その世界を超えたところに別の世界のあり方を展望しようとします。自分の世界に閉じこもるのではなく、人びとをこれまでとは違ったふうにつなぎながら、世界をもっと開いていこうとします。アートとは人びとをつなぐそういう生存の技法のことなのです。現在のように、世界の政治と経済が不確定要因を増し、ますます制御不能になりつつある時代には、そして一方でまた、人びとの分断がますます深くなりつつある社会では、わたしたちが生き延びるためにこういう技法がきわめて重要になってきます。

もう一つ、こんどは音楽の例を挙げます。先だって、オーケストラについて、音楽学部の大嶋義実先生からこんな話をうかがいました。弦楽器というのは馬の尻尾で羊の腸を擦る、元は遊牧民の楽器である。木管楽器は水辺の植物から生まれた、いってみれば農耕民族の楽器だ。金管楽器は動物の角を吹くことから始まり、打楽器は木の洞《ほら》に皮を張ることでできた。こちらは狩猟採集民族の楽器だ。異なる時代、別々の地域で暮らした人たちが発した音が一つに集められて、オーケストラは奏でられている。それぞれの音が生まれたそれぞれに異なる歴史的な脈絡、それらが交差する場としてオーケストラの演奏はあると、そんなふうに説明してくださいました。

このようにそれぞれに起源の異なるものがオーケストラでは集まって一つの曲を奏でるということです。だから、それぞれの楽器奏者がこだわるところもきっと大きく異なるはずです。自分を抑えて他に合わせるということもたえず求められるし、音を奏でていないときも全体の流れにきちんと耳を澄ませ、身をそこに載せなければならない。ときに自分の音で他を引っぱるという局面も当然あります。

同じことは社会生活についても言えるはずです。社会のなかで一人ひとりがそれぞれ異なった存在として認められていること、ということは、自分が手抜きをすれば全体もまたうまくいかないだろうと意識できているということ。これが、民主主義の社会というものが成り立つための条件なのです。音楽はこのようなことも教えてくれます。

以上、この二つの例から、わが京都市立芸術大学がなぜ入学試験にあたって学科試験を重視するのか、なぜ専門以外の技術の習得にも時間をかけるのかの理由がおわかりいただけたのではないかと思います。

学ぶというのは、自分をより見晴らしのいい場所に立てるということです。そのためには、自分がいまいるこの時代を立体視することが必要となります。時代を立体視するためには当然、複数の眼が必要です。異なる二つの眼をもつからこそ世界は立体的に見えてくる。これを視差（parallax）と言います。視差は、自分の二つの眼のそれであるとともに、自分と他者との視角の差でもあります。世界を立体的に見るためのこの視差をより大きくするには、他の人たちが置かれている状況を事細かく想像することが不可欠です。つまりは社会への強い関心、あるいは社会意識が求められます。

表現技術、演奏技術を究め、確かな社会的ポジションを獲得してから社会について考えはじめるのではなく、しっかりとした社会意識をもちつつ専攻の技術を学ぶこと、これがあなたたちの表現活動を真に豊かなものにします。そのことをどうか、芸術を学びはじめるにあたって、深く心に留めていただきたいと思います。

京都市立芸術大学は創立来一三六年の歴史をもつ、全国でもっとも古い芸術大学です。京都市が全国に先駆けて芸術大学を設置したのは、都市のほんとうの力、そしてそこでの豊かな暮らしは、文化・芸術の厚みによって育まれるとの信念を持ちつづけてきたからです。そういう文化・芸術の学びが、みなさんにおいてもいよいよ始まります。これからの本学での学びがみなさん一人ひとりの未来にとってかけがえのないものとなることを願いつつ、わたしからのお祝いの言葉といたします。

問いはみなさんの内側に
あるだけでなく、
掘り下げていけば
社会のさまざまな困難にも
接続していきます

「つくる」技を回復させる

2017年度　京都市立芸術大学入学式　式辞

今年は桜の開花が例年よりは少しゆっくりしていましたが、そのおかげでちょうど満開の桜の下で、そして洛西の山々がそろそろ新芽を吹きだそうかという頃合いに、みなさんをお迎えできたのはとても嬉しいことです。

京都市立芸術大学は、制作と作曲・演奏という、実技系中心の大学です。絵やオブジェの制作や、楽曲の創作のみならず、演奏も楽譜という骨に肉をつけることと考えれば、美術も音楽も「つくる」ということが基本にあります。そして「つくる」というのは、現代、人類がその回復をもっとも必要としているものです。そのことの意味を、今日から「つくる」ことの学びを始められるみなさんにここでお伝えしておきたいと思います。

　太平洋戦争の終焉からおよそ半世紀後にみなさんは生まれましたが、この半世紀は戦後復興から高度成長を経て、さらには高度消費社会という「豊かな社会」をめざす道程でもありました。「豊かな社会」の行く末には「成熟した社会」が待っているはずでしたが、じっさいには〈貧困〉や〈格差〉など、二十世紀には想像もしえなかった語が飛び交う社会に、二十一世紀に入りわたしたちは直面することになりました。

　これは政治と経済の複雑な事情が絡むことがらで、そのあまりの複雑さにわたしたちは茫然とせざるをえないところがありますが、他方で一つ、明確になったことがあります。それは確認するのも悲しいことですが、わたしたちが市民としての力をひどく損なってきたという事実です。

　ひとは生きものとして生きるため、生き延びるために、どうしてもしなければならないことがあります。食材を確保すること、食べたあとの排泄物を処理すること、新しく生まれる子どもを取り上げること、育てること、病に苦しむ人を癒すこと、老いゆく人を世話すること、死にゆく人を看取ること、もめ事を仲裁すること、災害に備えること、などなどです。これにはそれぞれ技というものがあって、それを身につけないと生きてゆけない。そういう技が人類の長い歴史のなかで、世代から世代へと伝えられてきました。

二十世紀の人類社会は、そのプロフェッショナルを養成し、そういう「いのちの世話」を彼らに委託することで、それらの技をより確実なものにしようとしました。出産や医療や看取りは医師に任せ、介護も専門スタッフに任せ、もめ事の仲裁は役所や弁護士に任せ、災害の備えは自治体や消防署に任せ、というふうにです。人びとはこのように社会のさまざまなシステムに依存するかたちで、「便利」と「快適」を手に入れてきたのです。

そのことで「安心」は得られましたが、そこには一つ、落とし穴がありました。生き延びるためにだれもが身につけなければならないことをシステムに委託することで、わたしたち自身は自分の手でそれをなす力をどんどん失っていったのです。そのことをいやというほど思い知らしめたのが、あの東北での大震災と原発事故でした。災害や事故で社会の基盤が崩れたとき、自分で水や食材を調達することができない、火もおこせない、応急処置や看護もできない……そういう無力を知らされたのでした。「いのちの世話」という、だれもが日々なさねばならないことを、税金やサーヴィス料を払って社会のシステムに委託することを幾世代かにわたりくり返しているうち、みずからそれを担う能力をすっかり失ってしまっていたのです。

もうおわかりかと思いますが、いまわたしたちが回復しなければならないのは、社会が提供してくれるサーヴィスをうまく「消費する」テクニックではなくて、「いのちの世話」を人びとが協力してなす技です。「消費」ではなく、自分たちの手で「つくる」ということです。「つくる」ことの技です。

ここで「つくる」という技は、製品や作品の制作に限られるものではありません。人と人がつながることにも、人と人が協力して何かをなすことにも、あるいは、ここにはないものを想像するにも、別の社会のあり方を構想するにも、そのために何かを調べることにも、そしてさらには危うい所から逃げ出すことにも、技はあります。そしてアートとは技のことです。そういう「生き延びるための技」のもっとも基本的なところを学ぶ場が芸術大学だと、わたしは思っています。

芸術はしかし、物品の製造とは異なります。製造工程を熟知しているだけでは芸術にはなりません。そこには、これまでだれも見たことのないようなものを創りだす「構想力」(imagination) というものが必要となります。

わたしはこの大学に着任してすぐ、学生たちのアトリエをのぞきました。そのとき最初に目にしたのは、大きなキャンバスの前でしゃがみ、ときどき眼を上げはしますがほとんど俯いたまま何か考え込んでいる姿でした。ここはどうするかと迷うだけでなく、きっと、自分はいま何をしようとしているのか、何をしたいのか、何をすべきなのかと考え込んでいたのだと思います。そう、芸術ということで自分は何をしようとしているのか、と。

みなさんもこれからの四年間、きっとこういう光景を何度も目にされると思います。

いえ、自身がそういう状態に何度もはまってしまうと思います。芸術が「生き延びる技」であるからには、生きることの意味、在ることの意味、さらには共同生活のあるべき形、他の生きものとの共存の仕方など、考えれば考えるほど、問いは深まり、そしてこみ入っていかずにはいないからです。

音楽についてこんな問いを発した人がいます。――「音楽で人を殺せるか？」歌人で演劇家でもあった寺山修司は、音楽がもし人を支え、救うことができるのなら、それで人を殺すことだってできるはずではないかと問いました。芸術は社会の芯にほんとうに届いているか、それができなければ最後まで無害なお飾りで終わるのではないか、命懸けで取り組むというものではなくなるのではないか……と問いを研ぎ澄ましたのです。衝撃でした。どの領域でどのような問いを立てるときも、いつもこれくらい想像力を研ぎ澄ませておかないとだめなんだと思い知らされました。

もう一人、昨年ノーベル文学賞を受賞したボブ・ディランは、二十歳過ぎで、こんな問いをその歌のなかで数珠のように連ねていました。

《白い鳩はどれだけの海を渡れば砂の上で休むことができるのだろう？》《どれだけの砲弾が飛び交えば撃つことを止めることができるのだろう？》《ある人びとが自由になるまでに人は何度顔を背けるのだろう？》《人はどれくらいの耳があれば人びとの悲しむ声が聞こえるのだろう？》《いったいどれくらいの人が死ねばあまりに多くの人々が死んだと気づくのだろう？》

あの「風に吹かれて」(Blowin' in the wind) という歌のなかでです。半世紀以上も前の歌ですが、まるで現在を歌っているようです。

みなさんもこれから制作や演奏に取り組むなかで、きっと何度も悩むはずです。描けなくなったら、弾けなくなったらどうしようという焦りもあれば、自分には才能も、いやそもそも意欲がないのではないかと考え込むことにもなるでしょう。けれども問いはそのようにみなさんの内側にあるだけでなく、問いを掘り下げていけば社会のさまざまな困難にも接続していきます。わたしたちは一定の歴史状況のなかに生まれ落ちるものだからです。〈わたし〉が抱え込む問題はかならずどこかで〈社会〉の抱え込む問題につながっているからです。

そのことを知ることで、表現も深まっていきます。感情は自分の内側をほじくることではなく、むしろ時代と向き合うなかではじめて、厚みを得ます。〈わたし〉ではなく〈わたしたち〉が直面している問題にしかと向きあうなかで、です。そうしてはじめてあなた一人の問いは別の人にも伝わり、やがて多くの人を揺さぶるものともなるのです。

そういう意味で、芸術は果てしのない探究だということになります。教員も同じです。日々同じ探究をつづけています。悩み、もがき、苦しんでいます。そして最終的な解が出るか出ないかもわからない無限の探究であるからには、教員と学生との関係も、どこまでも先輩・後輩の関係です。この探究の前では大家も初心者もありません。問いと向きあうときのセンスや発想が肝心だからです。だから芸術系では教員も、ここをこうしなさいと決めつけるのではなく、「ここんとこ、きついよね」とか「これからどうする?」「ああ、こうくるか?」と横でいっしょに考えるのです。教員にできるのは、問題と格闘する自身の姿を見せるでもなく見せることとで、その緊張感と気迫とを伝えることまでです。答えを示すのではなく、取り組み方を伝えるということ。つまりは「薫陶《くんとう》」（香りを染み込ませること）ということです。それがこの大学では少人数教育というかたちで丁寧になされていると、わたしは自信をもって言うことができます。

一人ひとりにも、社会にも、どうにもならないものがあります。それに打ちのめされる体験を反芻しつつ、それでもそこから脱出する一条の光を見つけることが、芸術のいとなみなのでしょう。あるいはこんなふうに言ってもいいかもしれません。人には知らないこと、解決できないことがいっぱいあるけれど、それでもこれは大事、これも大事という余白をまわりに拡げてゆくのが芸術ではないか、と。

そういう余白をもつことが人に勇気を与えます。そしてそういう余白、そういう糊代が、瓦がその端を重ねつつ連なっているように、人びとのあいだで重なりあうあいだは、世界は閉じることなくどこまでも開いたままでありつづけます。

そういう願いをもって、わたしからのお祝いの言葉に代えさせていただきます。

「わからないけどこれは大事」という、
そんな〈余白〉を拡げてゆくのが
芸術ではないか

体は世界を感知するセンサー

２０１８年度　京都市立芸術大学入学式　式辞

今日、みなさんが集われたこの京都市立芸術大学は、一八八〇年（明治十三年）に創立されたわが国でもっとも古い歴史をもつ芸術系の大学です。当初は画学校として設置されましたが、一九五〇年に京都市立美術大学として再発足したのち、二年後の一九五二年には京都市立音楽短期大学も創立され、それらを統合するかたちで一九六九年にいまの京都市立芸術大学となりました。

京都市立芸術大学は、その間、伝統芸術をしかと継承し、それをさらに究めるとともに、日本の近現代芸術の屋台骨を支えつつ、世界的にも評価される芸術家たちを数多く世に送りだしてきました。京都芸大のその長くて厚い歴史にみなさんがこれからどんな新たな一頁を記してゆくのか。それをとても楽しみにしています。

さて、みなさんを迎えるにあたって、最初にお願いしたいのは、「体を大事にしてください」ということです。芸術においては何より体が資本だから、というのではありません。また、筋肉をつけるとか、肺活量を増やすとかいったフィジカルなことを言っているのでもありません。そうではなく、体は、だれにあっても、世界を感知する大事なセンサーだからです。別の言い方をすれば、一人ひとりの存在に懸かるいろいろな外圧もしくは内圧と向きあいながら、あるいは驚きや喜び、不安や恐怖に襲われながら、それらを別の形へと変換するトランスフォーマー、つまり変圧器のようなものだからです。

そして、人と人とのあいだで、あるいは人と自然とのあいだで感じたささやかな感動、深い感動を、あるいは時代の現状に対して内から立ち起こる、微かな違和感、もしくは禍々しいまでの違和感を、一つの確かな表現へと転換してゆくのが芸術なのです。

わたしはかねがね、芸術の仕事とはカナリアのそれのようなものではないかと思ってきました。

炭鉱では、カナリアの入った鳥籠を先頭に掲げて入坑すると聞きます。異臭に、あるいはノイズに、ヒトよりうんと敏感で、だから炭鉱でもそのような異変にヒトより先に反応するからです。環境の、社会の、微かな異変、あるいはその徴候に、濃《こま》やかに感応する……。人が芸術家に期待しているのもそういうものではないでしょうか。

それにまた、感じやすいというのは、傷つきやすいということでもあります。傷つきやすいというのは、他の人びとの圧し殺された声、いまにも途切れそうな、消え入りそうな小さな声が聞こえるということでもあるのです。芸術にはそういった深い慈しみや包容力もあります。

もう一つ、芸術家は、何ごとも、用意されたマニュアルどおりにおこなうことをよしとしません。何かに問題を感じたとき、どう判断したらいいか、どう対処したらいいかがよくわからないまま、しかし「感触」や「手ごたえ」といった身体の感覚をたよりに、世界を、時代を、自分の手でまさぐろうとします。たとえ「想定外」のことが起こっても、とりあえずは周りのありあわせの物でなんとかやりくりして対処しようとする。食う、着る、住まうといった、人のもっとも基本的ないとなみに思いもよらない事態が生じても、手許にある素材でなんとか繕おうとする。そうした手業に長けているのが芸術家です。

もういちど整理して言いますと、異変の徴候への鋭い感受性と、どんな状況にも手業でそれに対応できる器用さ、この二つが、人がしたたかに生き延びるために不可欠だとすれば、芸術こそそれにもっとも秀でた技、つまりアートであると思うのです。

絵本作家の荒井良二さんがこんなふうに言っています。――《ものをつくる人には、人が気づかないようなところを掘り下げる役割がある》と（『ぼくの絵本じゃあにぃ』NHK出版）。「人が気づかないところ」、あるいは微かな異変の徴候を、人より先に感知すること、そしてそれを「掘り下げる」こと。それが芸術の仕事だというのです。そしてつづけて、だからこそ芸術においては、「作品を作るよりも『？』を持って帰る」ことを大事にしないといけないと言います。

でも「?」というのは何でしょうか?　いうまでもなく「わからない」ということ、「とっさに理解できない」ということです。人の理解にはいろんな限界があります。世界は「いま・ここ」という限られた一点からしかじかには体験できないというのが一つです。また、育ってきた環境の制約というのもあります。が、もっと根が深いのは、理解には枠組みがあるということです。これはこんなふうに見る、受けとめるという、それぞれが属している文化の枠です。同じ時代、同じ文化のなかで育ってきた人は、世界を、同じ言語を用いて、同じような仕方で理解します。だから自分たちが世界だと思っているものの外にもっと違った世界があるということに、なかなか想像が及びません。自分のなじんできた解釈のレパートリーのなかへ何でも押し込もうとする。理解できないこと、わからないことを、取るに足りないこととして無視するか、あるいはそれらを無理やり手持ちの枠のなかに押し込めようとするのです。

そういうことをくり返しているうち、世界は歪んできます。しかも歪んだ見方をしていることに、当の本人は気づきません。世界にはわからないことが溢れているのですが、わからないことにわからないままきちんと出会うというのは、このようにとても難しいことなのです。

わたしもあなたがたと同じような年頃のとき、大学や町なかで、いろんな場面、いろんな出来事に遭遇したはずなのに、そのときにはそのほんの一面しか見ていなかったことを、いまになって悔やむことが多いです。そこで起こっていたことを、自分の狭い関心からピンポイントで見るだけで、自分の理解を超えたものを、わからないままに、しかと受けとめる、自分のなかに食い入らせるということを、きちんとしてこなかったことを、いま頃になってひどく後悔するのです。

現代では、そういった狭い関心のみならず、情報検索のツールが豊かになっているぶん、「わかったつもり」になることがさらに多くなっているかもしれません。こうして世界はますます閉じていきます。作家の宮内悠介さんが先週、ある新聞でこう書いていました。――《ぼくたちがいるのは、すべてがわかった世界ではなく、何がわからないかがわかりにくくなった世界なのだ》と（「朝日新聞」二〇一八年四月二日朝刊）。

わたしたちは「わからないもの」、つまり自分の「外」へと世界を広げてゆかねばなりません。自分を、この世界、この社会に正確にマッピングするためには、そういう作業がどうしても必要です。が、それがとんでもなく難しい。

人には知らないこと、解決できないことがいっぱいあります。そんななかで、「わからないけどこれは大事」という、そんな〈余白〉を拡げてゆくのが芸術ではないかと、わたしは思っています。というのも、最初に申し上げたとおり、芸術は、世界をたんに言葉や情報で理解するのではなく、体のさまざまなセンサーを動員するものだからです。世界について、手がかり、手ざわり、手ごたえというものを、とくに重要視するからです。世界から自分を切り離すのではなく、切り離された世界へと自分をもういちどつないでゆこうとするものだからです。

そういう意味でわたしがこのところ目を離せないでいるのは、東日本大震災のあと、狩猟の場、つまり食う／食われるという、生存の可能性の原点となる位相に身を置きはじめた何人かの女性美術家たちです。彼女たちは、山に潜む獣《しし》たちを撃つ猟師に同行し、仕留めた獣を解体し、肉や内臓をいただき、革をなめし、骨を土に返すという作業の場に入り込んでいます。

猟に臨んだ彼女ら美術家の一人、鴻池朋子さんはその猟の現場で、猟師の顔がときに動物のそれに見えたことに衝撃を受けました。それに、猟師たちは獲物たちがみずから罠にかかりにやって来てくれたかのように話す。それは《まるでどこかの位相で猟師と動物が事前に連絡を取り合っているかのよう》だったというのです（『どうぶつのことば』羽鳥書店）。

こういう体験をするなかで、鴻池さんは、それまで取り組んできた〈芸術〉をもはや「自由」や「自己表現」といった悠長な言葉では語りえなくなったと言います。〈芸術〉の現在と、知らぬまにまるで「仮死状態」になっていた〈動物〉としての自分とを、切り離せなくなったというのです。そして、食うか食われるかの〈動物〉の世界に自分も〈動物〉としてじかにつながっているという、そうした連続のなかにアートの立ち上がるべき場所があると、彼女は確信したのでした。

芸術家のもつカナリアのようなセンサーは、彼女をして、芸術への問いを、生きるということのそのような根源の場所にまで遡らせたのでした。わたしには、このことが、先の荒井良二さんの言葉、《ものをつくる人には、人が気づかないようなところを掘り下げる役割がある》という言葉と深く共振しているように思えてなりません。

「わからないこと」「?」を抹消しようとしないで、ともかく大事にしてほしいという、わたしのみなさんへのお願いが、とんでもない方向に発展していきそうなのでそろそろ話を結ばなければなりませんが、最後にもう一つ、カナリアに寄せてみなさんに申し上げたいことがあります。

日本で最初の童謡の一つ、西条八十《やそ》が作詞した「かなりや」という歌です。詩は大正七年（一九一八年）に書かれましたから、いまからちょうど百年前のことです。家族を養うために生活に追われ、詩作に打ち込めなくなった自分をまるで愛おしむかのように、次のように詠みました。

唄を忘れた金絲雀《かなりや》は、後《うしろ》の山に棄てましょか。
いえ、いえ、それはなりませぬ。
唄を忘れた金絲雀は、背戸の小藪に埋《い》けましょか。
いえ、いえ、それはなりませぬ。
唄を忘れた金絲雀は、柳の鞭でぶちましょか。
いえ、いえ、それはかはいさう。

この大学の難しい入学試験をクリアされたみなさんは、きっと高校時代から、優れた才能を羨ましがられてきたことでしょう。これまでは「あの人はできる」と称賛されることが多かったのではないかと思います。でも、今日から「できてあたりまえ」の日々が始まります。そして制作や演奏に取り組むなかで、きっと何度も悩むはずです。描けなくなったら、弾けなくなったらどうしようという焦りもあれば、自分には才能も、いやそもそも意欲がないのではないかと考え込むことにもなるでしょう。そう、何度も何度も自分の限界に突き当たって、この歌のように、苦しみ、悶々とするときがやってきます。

そういうとき、あなたがたの先輩たちは、それこそ気前よく助けあってきました。あなたがたの大先輩である指揮者の佐渡裕さんが初めてヨーロッパで棒を振ることになったとき、ヨーロッパにいるたくさんの先輩・後輩たちが手伝いと応援に駆けつけてくれたそうです。みなさんもそんな仲間がきっとできます。これから四年間の健闘と幸運を祈ります。

あとがき

年度末の変わり目というのは、なんとも心の揺れる季節です。惜別があり、そのすぐあとにあらたな邂逅がある。そんな劇的ともいえる交替に心をもつれさせながら、その一方で、これも儀式ですから、ふと、こんなに律儀に、こんなに規則正しく、別れや出会いがあっていいものかという、そんなとまどいにとらわれもします。卒業式と入学式。教員という種族にとって、年度の変わり目というのは、なかなかに面はゆい季節でもあります。

二〇〇七年八月から二〇一一年八月までの四年間、そしてすこし間を置いて、二〇一五年四月から二〇一九年三月までの四年間、わたしは大学の学長職にありました。大阪大学の総長と、京都市立芸術大学の理事長・学長です。いずれも「青天の霹靂」という思いでその職に就くことになったのですが、卒業式と入学式で式辞を述べるというのは、気持ちの上では学長職のなかでもとくに重い仕事でした。年が明けて一月になると、今年はどんなことを話そうかと、心もそわそわしだしました。

いろんな理由があります。まず業務が一年でもっとも混み混みになるということがあります。一月に入るとまず教職員の方々への年頭の挨拶があります。とくに大阪大学ではその年の業務上の方針や抱負をかなり詳しく述べることになっていました。中旬には大学入試センター試験があります。早朝から夜遅くまで、実施本部詰めです。月の後半には、翌年度の文部科学省への「概算要求」をおこなうため、まるまる一週間、朝から宵の口まで、全学の学部・研究科、研究所、各種機構のヒアリングをおのおの十五分から三、四十分かけておこないます。それぞれにせっぱつまった要求があって、その調整にかなり苦労します。

二月に入ると、年度末業務、学部入試にくわえ、文部科学省との調整や国立大学協会の会議のため、かなり頻繁に東京へ出張します。三月は後期日程の入試にくわえ、もろもろの年度末行事や送別会に顔を出し、さらに大学関連の各種財団の理事会、評議会が目白押しです。そんななかで頭にはいつも卒業式の式辞のことがよぎっています。

なかでも二〇一一年の三月は壮絶でした。後期日程の前日に東日本大震災がありました。

すぐに東北出身の学生の安否と、支援物資の備蓄を確認し、さらに連日、他大学とどのような連携を組んで被災者の方々の支援をするか、人員を送るかの連絡・調整にあたりました。東京電力福島第一原発事故への研究機関としての対応も、理学研究科や核物理研究センターの教員らと協議しました。学生ボランティアの派遣で注意しなければならないことを、医学部放射線科の教員や災害ボランティアの専門研究者らからくわしく聞きました。年度明けには大学の創立八十周年にちなんだもろもろの行事が組まれていたのですが、その中止、もしくは延期の算段もしなければなりませんでした。組織をもたない関西在住の、東北にもファンの多い「文化人」の方々からの被災地へのメッセージのとりまとめもしました。被災地の自治体にそのメッセージを張りだしてもらうようお願いもしました。そのうち学生の安否は、二週間後の卒業式の日までにはすべては確認できませんでした。そうしたなかの卒業式であり、月が変わっての入学式でした。

しかし、そんな非常時でなくても、卒業式と入学式の式辞の準備はなかなかに苦しいところがあります。阪大では六千人以上の学生・大学院生に言葉を贈ります。ほとんど全員、顔を知らない。けれども確かなメッセージを渾身で贈らねばならない。そのギャップにとまどいました。

次に学長職に就いた京都芸大はこれとは正反対で、卒業生は二百人ほど。しょっちゅう授業参観もさせてもらっていたので、それ相応の顔見知りがいて、各専攻の代表の一人ひとりに卒業証書を手渡すときはちょっと胸を詰まらせることもありました。なかでも音楽学部声楽科の代表が、卒業証書を授与されたあと、式場をふり返り、仲間に合図を送って、あるアリアを合唱したときは嗚咽しそうになりました。芸大の卒業式では珍妙な「仮装」が名物で、笑いをこらえるのに必死でしたが、四年間で一度だけ、ついに噴き出したことがあります。そんなこんなで、卒業式はいつも泣き笑いになってしまいます。こちらは言葉の宛先があまりにリアルで、それで卒業生諸君の「挑戦」を押し返すくらいの強度をもった式辞を贈ろうとしました。

阪大と芸大の卒業式・入学式にはそれぞれにこのような背景があって、それが式辞にも反映しているようです。

哲学をやっていると断言というのを控える習性があります。ここでいま何が言えて何が言えないかに、とても敏感だからです。そういう研究・教育現場の日常とは反対に、卒業式・

入学式ではそれぞれ終わりの挨拶、始まりの挨拶なので、どうしても明確なメッセージを送る必要があり、言葉もつい伝えるべき確言と訴えに重きを置くことになります。とりわけ、芸大では、日頃から何を夢見ているか、何を心細く思っているかをそれなりに知っていましたから、言葉を贈る、届けるという、言葉の〝生身〟というのを痛いほど感じました。一方、阪大ではみなが各界に巣立っていくので、そのベースとなるような一般的な心構えをしか話せませんでした。その意味では、阪大の式辞と芸大の式辞は、気分としては正反対だったかもしれません。

学生諸君に向けての式辞は、正直なところ、このように胸苦しいものでした。けれども最近、出張先で、「先生の授業を受けました」「卒業式で話を聞きました」と言う卒業生にしばしば出会います。そんなときは、何のわだかまりもなくほんとうにうれしい。もっともっと応援したくなります。

いつの時代にあっても、学業を終えたその先は五里霧中です。しかもその霧は時代ごとの濃さがあります。とりわけ現在の日本社会では、人口減少のように確実に来る未来と、職業一つとってもこの先どうなるか確たることが言えない、そんな不定の未来とが、ひどく錯綜しています。未来はけっして明るくない。そんな気分が充満するなかで、どうかこのことだけは心に留めておいてほしいという願いを、これら八年間の式辞に込めています。声はじかに響かなくても、そのまなざしの向きを感じていただければとてもうれしいです。

二〇一九年十二月三日

鷲田清一

本書は、大阪大学入学式・卒業式（二〇〇七年八月から二〇一一年八月）と、京都市立芸術大学入学式・卒業式（二〇一五年四月から二〇一九年三月）での著者の式辞・告辞から抜粋し、一部加筆・修正しまとめたものです。

鷲田清一

わしだ・きよかず

1949年京都生まれ、哲学者。京都大学大学院文学研究科博士課程単位取得。大阪大学文学部教授などを経て、2007〜2011年大阪大学総長、2015〜2019年京都市立芸術大学理事長・学長を歴任する。現在はせんだいメディアテーク館長、サントリー文化財団副理事長。医療や介護、教育の現場などに哲学の思考をつなぐ臨床哲学を提唱・探求する。著書に『モードの迷宮』(ちくま学芸文庫、サントリー学芸賞)、『「聴く」ことの力—臨床哲学試論』(ちくま学芸文庫、桑原武夫学芸賞)、『「ぐずぐず」の理由』(角川選書、読売文学賞)、『濃霧の中の方向感覚』(晶文社)、『哲学の使い方』(岩波新書)など多数。

2015年4月から朝日新聞で『折々のことば』を連載中。

岐路の前にいる君たちに

——鷲田清一　式辞集

2019年12月20日　初版第1刷発行

2024年5月20日　初版第4刷発行

著　者　鷲田清一

装　画　nakaban

ブックデザイン　鈴木千佳子

DTP　濱井信作(compose)

編　集　平野麻美(朝日出版社)

発行者　小川洋一郎

発行所　株式会社 朝日出版社

〒101-0065 東京都千代田区西神田3-3-5

tel. 03-3263-3321　fax. 03-5226-9599　http://www.asahipress.com/

印刷・製本　図書印刷株式会社

ISBN978-4-255-01141-7 C0095